Meditações para Pessoas em Crise

Meditações para Pessoas em Crise

Paul Brunton

Sam e Leslie Cohen (orgs.)

Tradução
MARIZA PELLEGRINO AVANZI

EDITORA PENSAMENTO
São Paulo

Título do original: *Meditations for People in Crisis*.

Copyright © 1996 Paul Brunton Philosophic Foundation.

Publicado originalmente em inglês nos EUA pela Larson Publications para a Paul Brunton Philosophic Foundation.

Todos os direitos reservados. Nenhuma parte deste livro pode ser reproduzida ou usada de qualquer forma ou por qualquer meio, eletrônico ou mecânico, inclusive fotocópias, gravações ou sistema de armazenamento em banco de dados, sem permissão por escrito, exceto nos casos de trechos curtos citados em resenhas críticas ou artigos de revistas.

O primeiro número à esquerda indica a edição, ou reedição, desta obra. A primeira dezena à direita indica o ano em que esta edição, ou reedição foi publicada.

Edição	Ano
2-3-4-5-6-7-8-9-10-11-12	04-05-06-07-08-09-10-11

Direitos de tradução para a língua portuguesa
adquiridos com exclusividade pela
EDITORA PENSAMENTO-CULTRIX LTDA.
Rua Dr. Mário Vicente, 368 – 04270-000 – São Paulo, SP
Fone: 6166-9000 – Fax: 6166-9008
E-mail: pensamento@cultrix.com.br
http://www.pensamento-cultrix.com.br
que se reserva a propriedade literária desta tradução.

Impresso em nossas oficinas gráficas.

SUMÁRIO

Introdução 7

1. Torne o seu fardo mais leve 11

2. Cultive a serenidade e o reequilíbrio 39

3. Os problemas, nossos instrutores 49

4. A cura 73

5. Morte e separação 83

6. Encontrando uma perspectiva mais ampla 91

INTRODUÇÃO

Não é possível evitar crises e sofrimentos. Para Sam, que se dedicou por trinta anos a serviços humanitários e à comunidade, isso ficou bastante claro. Porém, embora nunca se esteja realmente preparado para enfrentar uma crise quando ela chega, a ajuda está sempre disponível.

Em um período difícil de nossa vida, nós nos sentimos muito gratos por ter à mão os *Notebooks* de Paul Brunton. No leito do hospital ou durante as sessões de quimioterapia a que Leslie se submetia, nós nos dedicamos a estudar cuidadosamente inúmeras passagens dessa obra. A leitura nos deu coragem, reacendeu a nossa fé, e assim surgiu este pequeno livro.

Esperamos que os trechos aqui selecionados possam auxiliar outras pessoas que estejam também passando por provas e tribulações da vida.

LESLIE E SAM COHEN
Lodi, Nova York
Abril de 1996

PAUL BRUNTON

Meditações para Pessoas em Crise

Meditações para
Pastores em Crise

Capítulo 1

TORNE O SEU FARDO MAIS LEVE

Existe paz sob as dores da vida e paz no final delas.

Mesmo que uma situação se torne bastante crítica, não se desespere. A primeira coisa a fazer, depois do choque inicial, deveria ser restabelecer e manter a calma; a segunda, refletir sobre o que fazer — uma questão para cuja resposta você deveria contar não apenas com a mente, mas também com a intuição.

∞§∞

Sempre que surgir uma situação de emergência para a qual você precisa de ajuda, orientação, proteção ou inspiração, não volte a atenção para o poder do próprio ego, mas traga-a humildemente, em oração, aos pés do poder superior.

∞§∞

Se você conseguir entregar seus medos e ansiedades ao Eu Superior, por estar convencido de que Ele pode lidar melhor com os seus problemas do que seu próprio eu egoísta, por confiar mais na sabedoria Dele do que em sua própria ignorância, não se esquivando, porém, das lições implícitas nesses problemas, sua entrega tornar-se-á um ato de força e não de fraqueza.

∞§∞

Muitas vezes a aceitação do sofrimento é a chave para sair dele. Quanto maior o sofrimento, maiores as possibilidades de a Paz sucedê-lo — desde que as lições a serem aprendidas por meio dele tenham sido corretamente compreendidas e aplicadas na vida diária.

∞§∞

Em períodos de grande perigo agarre-se à sua fé no poder divino como a um talismã protetor. Sempre que estiver em dificuldade, deixe temporariamente de lado todo medo e preocupação e imagine-se entregando-os ao Eu Superior, rendendo-se desse modo à sua vontade, auxílio e proteção.

⟨⟨∞⟩⟩

Enfrente resolutamente suas tristezas e preocupações, ansiedades e sofrimentos. Não os negue. Porém, não lhes dê as interpretações que comumente lhes são dadas. Em vez de lamentar sua falta de sorte, busque as razões pelas quais eles estão presentes em sua vida. Em vez de mergulhar na tristeza, lembre-se de que você é mais do que um ego e não permita que a paz que existe por trás dos sofrimentos e acima deles se vá.

⟨⟨∞⟩⟩

Nunca se entregue ao desespero; porém, em situações difíceis, você pode se entregar a sérias reflexões e à mais profunda resignação.

⟨⟨∞⟩⟩

Se estiver atento à mensagem intuitiva do Eu Superior, ele não irá desampará-lo. Você alcançará verdadeiro equilíbrio e profunda paz interior. Sem buscar apoio de outros, sabendo que em você habita o representante de Deus e que isso pode lhe dar verdadeira ajuda, confie plenamente nessa realidade sempre presente.

⟨⟨∞⟩⟩

Nosso ser mais interno, o misterioso Eu Superior, une cada um de nós a Deus. Ele não muda com o tempo, nem morre com o passar dos anos. É eterno.

❧

A Mente-do-Mundo (Deus) não pode ser separada de qualquer ponto do universo. Está presente em cada lugar, em cada criatura, agora, neste exato momento. Ninguém deve pensar que está excluído, separado ou distante da divina fonte de seu próprio ser. Isso é tão verdadeiro nas horas de tristeza como nas de alegria.

❧

Diante de situações de extrema agitação, lembre-se de permanecer calmo. Quando em presença do feio, pense no belo. Quando outros manifestarem sua animalidade e brutalidade, demonstre refinamento e bondade. E, o que é mais importante, quando tudo a seu redor parecer negro e sem esperança, lembre-se de que nada pode extinguir a luz do Eu Superior e de que ela irá brilhar novamente, tão certo como a primavera sucede ao inverno.

❧

Há paz *por trás* da agitação, bondade *por trás* da maldade, alegria *por trás* do sofrimento.

❧

Quando a vida no mundo se torna tão terrível ou assustadora que, desesperado ou confuso, em desequilíbrio ou pânico, a idéia de suicídio lhe parece ser a única saída, é chegada a hora de entregar seu fardo ao Eu Superior.

❧

Há certos momentos nos quais uma intensa tristeza ou uma profunda desolação invadem o coração. É então que os desejos perdem temporariamente a força, as posses perdem o seu valor, e até a própria existência perde a sua realidade. Você parece estar do lado de fora de um mundo frenético, cujas figuras se movem rapidamente de um lado para outro como personagens irreais numa tela de cinema. O pior de tudo, talvez, seja o fato de a atividade humana parecer sem sentido, a vida tornar-se uma tragicomédia inútil, um caminhar sem saber para onde, um insano soar de instrumentos sem que nenhuma música seja criada, uma inutilidade sem fim. É aí, então, que a idéia de suicídio poderá surgir em sua mente e você precisará de todo o seu equilíbrio para não pôr fim à própria vida. Todavia, esses momentos sombrios são imensamente preciosos, pois podem colocar seus pés firmemente no caminho superior. Poucos percebem isso; a maioria se lamenta. A autodestruição para a qual você é compelido por essa terrível experiência não é o próprio ato físico em si, mas algo sutil — um suicídio do pensamento, da emoção e da vontade. Na verdade você está sendo chamado a morrer para o ego, a retirar de sua vida desejos e paixões, ódios e ambições e a aprender a arte de viver em total independência das coisas externas e em total dependência do Eu Superior. E era a isso que Jesus se referia quando disse: "Aquele que perder sua vida a encontrará". Assim, as dores da vida na Terra não são mais do que meios transitórios para se chegar à eternidade, um processo pelo qual temos de aprender como ampliar a consciência para ir do eu pessoal ao Eu Superior.

಄

A aspiração de libertar-se das limitações do destino pessoal e das obrigações resultantes de circunstâncias externas apenas pode ser realizada perdendo-se a noção do tempo.

಄

Se nos concentrarmos somente nas tristezas e problemas que nos afligem, teremos que contar com o nosso próprio intelecto para encontrar um meio de nos livrarmos deles. Se, todavia, voltarmos a atenção para a direção oposta, ou seja, para o Eu Superior, e lá depositarmos nossos problemas, encontraremos uma nova fonte de auxílio para lidar com eles.

ᓚᘏᗢ

Por mais amarga que uma situação pareça, as indicações do Eu Superior poderão trazer-lhe doçura. Por maior que seja a provação, essas indicações poderão trazer coragem para enfrentá-la.

ᓚᘏᗢ

Há uma sensação de perfeita segurança que se revela de forma singular e forte em momentos de crise, perigo ou desespero.

ᓚᘏᗢ

Sim, o seu anjo da guarda está sempre presente e é a testemunha secreta, aquele que registra todos os seus pensamentos e atos. Quer você desça às negras profundezas do inferno, quer se eleve às luminosas alturas celestiais, você não caminhará sozinho.

ᓚᘏᗢ

Há um poder que inspira o coração, ilumina a mente e santifica o caráter. É o poder da Graça.

ᓚᘏᗢ

Por Graça quero dizer a manifestação da bondade de Deus.

ᓚᘏᗢ

Esse poder superior poderá sustentá-lo com firmeza inabalável durante uma grave crise.

Deus pode vir em nosso auxílio ou sua ajuda chegar até nós de maneira indireta. Em vez de um milagre repentinamente ocorrer, podemos ser levados, pela intuição, ao conhecimento ou à pessoa que nos irá revelar o que devemos fazer. O resultado final pode, assim, ser o mesmo de um milagre, mas teremos chegado a isso por nosso próprio esforço consciente.

Por mais que perscrutemos o futuro, não nos aproximaremos da verdadeira paz, ao passo que persistir na busca do Eu Superior traz gradualmente luz e vida inextinguíveis.

Em momentos de angústia e sofrimento intensos é mais necessário do que nunca estarmos receptivos às forças divinas dentro de nós por meio de estudos espirituais e meditação.

A Mente Divina que existe por trás do universo faz com que nele exista Divina Sabedoria e Bondade.

O universo da nossa experiência é regido por justiça e sabedoria, por suprema bondade e poder infinito.

Logo no início de uma crise ou situação de tensão, de uma dificuldade ou de grande sofrimento, dirija imediatamente seu pensamento para o Eu Superior. Isso pode ser facilmente realizado, sem esforço — mas apenas depois de um longo autotreinamento e muita prática de domínio da mente.

ᲪᲔᲒᲝ

Esse voltar-se imediata e resolutamente para o próprio interior é também um método eficaz para afastar as correntes de medo, desespero e fraqueza que os infortúnios geralmente provocam.

ᲪᲔᲒᲝ

Essa constante lembrança do Eu Superior torna-se, com o tempo, uma espécie de comunhão sagrada.

ᲪᲔᲒᲝ

Por meio da Graça, os erros do passado podem ser esquecidos, a fim de que a cura do presente possa ser aceita. Na alegria dessa Graça, a dor pelos erros passados pode ser banida para sempre. Não se volte para o passado, viva apenas no eterno Agora — na sua paz, no seu amor, sabedoria e força.

ᲪᲔᲒᲝ

Quando o sofrimento provoca abatimento, ele está apenas cumprindo o seu papel. É uma parte do lugar que ele ocupa no esquema das coisas, levando o indivíduo à consciência de que sob os doces prazeres do mundo há sempre dor. Porém, se essa reflexão parasse por aí, estaria apresentando apenas meia verdade. A outra metade, bem mais difícil de perceber, é que sob os aparentes sofrimentos, dos quais ninguém escapa, existe uma enorme harmonia, um imenso amor, uma paz inimaginável e uma força cósmica.

ᲪᲔᲒᲝ

Se, no momento de adormecer, por meio da aspiração, você fizer um convite ao Eu Superior, poderá um dia descobrir que, ao despertar, uma voz interior começará a lhe falar de coisas elevadas, sagradas. E com a voz virá a inspiração, a força e o desejo de viver de acordo com elas.

○ॐ○

Há ocasiões em que o coração sente intensamente a necessidade de paz e a mente, de perspectivas mais amplas. Render-se a essas necessidades não é escapismo covarde, mas sensato reequilíbrio.

○ॐ○

Introduzir deliberada e regularmente na vida esses momentos de quietude é introduzir nela força e profundidade.

○ॐ○

A filosofia hoje em dia representa um refúgio para os que sofrem em razão do ódio e conflitos no mundo, assim como uma fonte de bondade e sabedoria para os que buscam um sentido para sua vida.

○ॐ○

Para aqueles que a compreendem de forma correta e a praticam fielmente, a filosofia representa uma cidadela segura, em meio às incertezas e ameaças de nossos tempos. Nela encontra-se segurança para o coração e a mente e uma orientação correta para o corpo.

○ॐ○

Essas verdades, sendo eternas e largamente difundidas, nos proporcionam abrigo em períodos de violenta tempestade, servem de refúgio em tempos de desespero e protegem-nos, por meio da prudência, nas épocas em que a sorte nos sorri.

かべの

São memoráveis aqueles momentos em que permanecemos em silenciosa adoração ao Eu Superior, reconhecendo ser ele nosso melhor eu. É como se tivéssemos retornado ao nosso verdadeiro lar, com uma alegria jamais conhecida. Nada mais possuímos. Somos inexplicavelmente possuídos. As esperanças e temores, tristezas e desejos, que tanto nos incomodam, deixam temporariamente de existir. Como poderíamos, como ousaríamos nos deixar dominar por eles, quando nosso próprio eu pessoal está sendo fortemente envolvido por um abraço que o preenche de alegria?

かべの

Enquanto durarem esses momentos inesquecíveis, a Alma falará com você de maneira clara, embora silenciosamente. Ela poderá lhe revelar seu verdadeiro relacionamento com o universo e com os seus semelhantes. Certamente falará sobre Ela mesma. Poderá separá-lo de seu corpo e deixar que o observe do alto, o tempo suficiente para que você compreenda que a matéria é sua parte menos significativa. E talvez, o que é melhor, o preencherá com a certeza de que, depois, ao retornar ao mundo de luta solitária e rápido esquecimento, Ela continuará sempre ao seu lado.

かべの

Durante todo o dia, volte por alguns momentos a atenção para um nível mais elevado. Essa prática faz vir à tona qualidades positivas de força e serenidade que você não suspeitava possuir.

かべの

Se você aceitar a existência de um poder por trás do universo, que controla a vida desse universo perfeito e que está levando — embora lentamente — todas as coisas e seres à sua própria perfeição, você deve também aceitar os valores da esperança, aperfeiçoamento e evolução e, ao mesmo tempo, rejeitar o pessimismo, negatividade e niilismo. Você nunca sentirá pena de si mesmo.

ೞ

A intuição, a inspiração e até mesmo a Graça podem vir diretamente para você por meio da oração, meditação e leitura.

ೞ

Enfrente suas provas e tentações em nome de seu mestre e com a força dele, caso o tenha, ou do Eu Superior, se não tiver. Não dependa apenas de seu pequeno ego.

ೞ

Se alguém ou algo, uma pessoa ou um livro, contribuir para libertar-nos de ressentimentos com relação a outros ou de alguma amargura em razão das vicissitudes da vida, que envenenam os sentimentos, os pensamentos e a saúde, a pessoa nos terá prestado um grande serviço, ou o livro terá provado seu valor.

ೞ

Em momentos de crise, tente sempre lembrar-se dos ensinamentos espirituais que o instrutor procurou transmitir, bem como do caráter indissolúvel do laço interno que une mestre e discípulo. Em meio a todos os perigos e dificuldades da crise, lute por manter abertos os canais internos que o unem ao Poder Divino, a fim de receber inspiração, proteção e orientação. Será muito mais difícil fazê-lo sob fortes pressões externas, porém se você voltar o pensamento para Ele, mesmo que por apenas dois ou três minutos por dia, isso já será uma ajuda. A lembrança constante do Eu Superior e do mestre é extremamente importante, assim como procurar manter-se nessa sintonia. É um caminho de ioga próprio e é tão bom, a seu modo, como qualquer outro. Se, no entanto, você não puder fazer mais, mesmo a simples recordação por um minuto da imagem mental do mestre irá auxiliá-lo.

⋙⋘

Se você estiver em dúvida com relação a uma grande dificuldade, feche os olhos, pense no mestre, invoque silenciosamente seu nome e, então, pacientemente espere. Por meio dele a força poderá vir em seu auxílio.

⋙⋘

A simples prática de manter na consciência a imagem do mestre é suficiente para proporcionar alguma proteção contra as tentações ou perigos do mundo.

⋙⋘

Você pode ter perdido sua fortuna há muito acumulada, sua esposa pode tê-lo vergonhosamente traído, seus inimigos podem ter espalhado falsas acusações contra você e o mundo pode ter desabado sobre sua cabeça. Ainda assim existe algo que você não perdeu, alguém que não o traiu, que acredita no que você tem de melhor e um mundo interior que permanece sempre firme, imperturbável. Esse algo e esse ser nada mais são do que seu próprio Eu Superior, que você pode encontrar em seu interior, a quem pode se voltar quando dominado pela angústia e que o fortalecerá no sentido de não levar em consideração as queixas intermináveis do eu pessoal. Se não puder fazer isso, nada mais há a fazer. Para onde poderá se voltar, a não ser para o Divino dentro de você?

ᘓᔓᘔ

Liberte-se de seus problemas. Trabalhe no Silêncio — até que o Silêncio reine. Então, a Inteligência Infinita assumirá seus problemas, na medida em que você os entregar a Ela.

ᘓᔓᘔ

Quando você sentir a presença de um eu mais divino dentro de seu peito, quando acreditar que seu poder o protege e o supre, quando olhar tanto para os erros do passado como para as dificuldades do futuro com perfeita equanimidade, você terá maior capacidade de apreciar a vida e terá uma felicidade mais verdadeira do que aqueles que visam apenas os prazeres efêmeros e a satisfação dos sentidos. Essa felicidade irá perdurar nas horas de adversidade e de grande sofrimento, ao passo que a satisfação proveniente da busca do prazer se esvanecerá.

ᘓᔓᘔ

Tão inesquecível como a descoberta de um tesouro oculto foi o dia em que o Eu Superior se revelou a mim. Eu me encontrava em meio a uma crise e não podia ir adiante se esse turbilhão de pensamentos perturbadores não chegasse ao fim, da única maneira possível. Muitas foram as aventuras e múltiplos os incidentes que ocorreram desde aquela época, momentos de alegria e de tristeza. Agora, porém, isso não importa, nem julgo que vale a pena recordar. Porque a névoa que havia em torno de mim começou a se dissipar e percebi que ninguém está só. O Eu Superior *está sempre com você*. À medida que os anos descerraram as negras cortinas do futuro, uma estranha quietude apoderou-se de meu coração quando ele se curvou ante o altar da obediência e passou a aceitar cada dia com a mesma liberdade com que o nômade errante aceita o impiedoso deserto em que nasceu. Ele deixou, então, cair a mortalha de preocupações que o envolvia e afastou-se da tumba dos desejos insatisfeitos. Cobri-me, assim, com o manto de seda da Beleza oculta e procurei não deixar que nenhuma amargura, nenhuma paixão perturbadora o tocasse.

⚜

É com alegria filial que lhe ofereço essa flor cuja fragrância, não importa qual seja, falará dos dias que passei ao seu lado. Minha cabeça curvava-se sob a pesada e triste carga da vida na Terra; meus pés fatigados já haviam por muito tempo vagado por lugares inóspitos, quando seu grande amor brilhou sobre essa pequena planta e a aqueceu sustentando-a, até que firmasse uma raiz resistente em solo fértil. Não seria, então, mais justo que eu depositasse em seu altar os primeiros botões? Considero uma das grandes coisas em minha vida ter tido o privilégio de chamá-lo Amigo. E sei, se bem o conheço, que nada mais posso fazer para retribuir, a não ser falar a meus semelhantes — por mais limitadas e mal articuladas que sejam as palavras que saem de meus lábios trêmulos — do inesquecível e maravilhoso rio para o qual você dirigiu meu pequeno barco.

⚜

Assim como o elemento intuitivo pode substituir todos os outros para que a vida interior passe a governar, da mesma forma pode uma calma que cura e guia substituir as reações emocionais e a agitação da mente.

⚜

Em algum lugar, na parte mais interna de seu ser, há luz, bondade, poder e serenidade.

A prática de voltar-se para o Eu Superior em busca de orientação, consolo, auxílio ou cura em um período de grave crise é mais efetiva apenas quando, primeiro, a vontade atua resolutamente para afastar pensamentos negativos; segundo, quando o enfoque da atenção no Eu Interno é feito rapidamente; e terceiro, quando a vontade mantém a mente firme nas qualidades benéficas de objetos, idéias ou afirmações sagradas.

Frases ou sentenças inspiradas podem ser utilizadas como amuletos contra os nossos próprios estados de espírito negativos, como mãos firmes a nos sustentar nos momentos de desânimo ou fraqueza.

A imediata, rápida, contínua e vigorosa prática de uma afirmação elevada pode transformar, em poucos minutos, um estado de espírito negativo, de ansiedade ou depressão, em um estado positivo, tranqüilo e alegre.

O uso de afirmações é valioso também nos momentos de tensão e luta que a vida nos apresenta. Se você já tiver adquirido esse hábito, a afirmação estará presente e disponível, pronta para ser usada a qualquer momento de necessidade ou de crise.

A eficácia de uma afirmação depende também de ela ser repetida com total atenção, absoluta sinceridade, com fé em seu poder e sincero desejo de elevar-se.

Ⳋ

Afirmações:

"Em meu eu real, sou forte, feliz e sereno."

"Infinito Poder, sustenta-me! Infinita Sabedoria, ilumina-me! Infinito Amor, enobrece-me!"

"Possa eu cada vez mais cooperar com o Eu Superior. Possa eu de forma inteligente e com obediência fazer sua vontade."

"Coopero alegremente com o propósito superior da minha vida."

"Em meu eu real, a vida é eterna, a sabedoria é infinita, a beleza é imperecível e o poder é inesgotável. Apenas a minha forma é humana, pois a minha essência é divina."

"Em qualquer situação, permaneço calmo e peço ao Intuitivo que me guie."

"Olho para além das dificuldades do momento, para a eterna paz do Eu Superior."

"A Paz de Deus."

"Vivo na serenidade do Eu Superior."

Ⳋ

Que é mais novo que um novo amanhecer? Que oportunidades ele oferece para uma renovação da vida! E que melhor maneira de começar o dia que utilizar uma afirmação positiva, tal como, "Eu Sou Infinita Paz" como o primeiro pensamento da manhã e repeti-la durante esses primeiros minutos que determinarão a tônica do dia? Então, sejam quais forem os assuntos a serem resolvidos, por mais pesadas as obrigações a serem cumpridas, permaneceremos sempre serenos.

છ૪૦

Aprenda a viver na fé quando você não puder amparar-se nos sentidos, a aceitar os acontecimentos contra os quais o ego se rebela e a suportar situações com as quais a razão não concorda.

છ૪૦

Nossa maior força provém da confiança no Eu Interior e da fé nas Leis Superiores.

છ૪૦

Eis o talismã mágico que o fortalecerá e o salvará, mesmo que você desça ao próprio inferno — a fé e o amor ao Eu Superior.

છ૪૦

Onde quer que o destino possa levá-lo, sejam quais forem os perigos que possa trazer-lhe, mantenha sempre o pensamento no Eu Divino, como seu melhor talismã. É nesses momentos terríveis que você pode chegar a apreciar mais do que nunca o valor da fé na divina sabedoria que existe por trás da vida e da certeza da imortalidade.

છ૪૦

Quando você sentir que sua vida está nas mãos de um poder mais elevado, que seu destino é regido por leis maiores, cujo propósito final é o bem absoluto, sua coragem tornar-se-á inabalável.

MEDITAÇÕES PARA PESSOAS EM CRISE

❧

Em meio às confusões e perigos de hoje, essa fé num plano divino para o mundo pode sustentar-nos como uma rocha.

❧

Sob fortes pressões ou em meio a graves perigos você encontrará coragem e persistência no poder talismático da lembrança do Eu Superior. Ele está sempre presente.

❧

Você deveria pôr de lado qualquer medo ou ansiedade com relação à situação atual ou ao destino de alguém que você ame. Faça com ponderação o que for necessário para protegê-lo e, depois, coloque-o confiantemente aos cuidados do poder superior.

❧

Você ajudará muito mais outras pessoas visualizando-as num estado de paz interior do que deixando-se levar pela ansiedade com relação a elas.

❧

Devemos nos recusar a olhar para o futuro com ansiedade e preocupação. Ele deve ser entregue com fé e por completo ao poder superior. A serenidade se instala com facilidade naquele que verdadeiramente confia no poder superior. Isso é indiscutível.

❧

Katherine Mansfield, a historiadora, morreu cedo, mas não antes de deixar escrito que os últimos anos de sofrimento físico mudaram sua perspectiva de vida. Tinha dúvidas sobre a existência de Deus e passou a ter fé; seu desespero transformou-se na percepção de que o perfeito Amor por trás do universo lhe pedia total confiança. A tuberculose de que padecia, que a manteve imobilizada por tanto tempo, levou-a, não obstante, a uma espécie de meditação na qual ela permaneceu, sentindo a quietude interior tornar-se cada vez maior e mais palpável, e cada vez mais forte a aspiração de mergulhar nesse estado.

ა‍წ₪‍ა

Mesmo durante a mais longa noite escura da alma, o Eu Superior não está menos perto de você do que já esteve quando revelou sua presença em meio ao êxtase e à alegria.

ა‍წ₪‍ა

Aquele que passa por uma grande provação na vida deve, em tais ocasiões, dirigir-se mais do que nunca ao poder superior a fim de obter auxílio e conforto. Quanto maior a prova, maior será a recompensa interior, se você se mantiver firme em sua fé.

ა‍წ₪‍ა

Não perca a paz interior diante de dificuldades que poderiam levar outras pessoas ao desespero, não perca a fé nessa fonte profunda de força e proteção. Se isso lhe for pedido em determinado momento de sua vida, você só crescerá interiormente se aceitar o desafio, mesmo que exteriormente pareça ter falhado.

ა‍წ₪‍ა

Libertar-se da ansiedade, o que ocorre naturalmente quando o apego a resultados e o desejo de realizações pessoais são postos de lado, é ter fé absoluta em que o poder superior cuidará de nossas reais necessidades.

❧

Nos períodos de guerra e sofrimento, a Busca espiritual demonstra seu valor pelo apoio interno que oferece e a fé inabalável que confere. As forças do mal serão dominadas; o bem triunfará no final, como sempre. O amor de Deus para com todas as criaturas continuará sendo o que sempre foi — o maior bem da vida.

❧

A fé é necessária para possibilitar a mudança básica de sua mente, a mudança que o libertará dos grilhões do passado. Uma nova vida torna-se possível quando você acolhe novos pensamentos.

❧

Quando sucumbimos ao desespero, ao desânimo, à sensação de desamparo, estamos condenados. Tão logo consigamos triunfar sobre eles, estaremos salvos.

❧

A vida é o que é — indestrutível e ilimitada. Todos nos encontraremos novamente. Conscientize-se do que você é, e sinta-se livre. O melhor conselho nos dias de hoje é: fique calmo, *atento*. Não deixe a pressão mental do ambiente que o circunda destruir o que você sabe ser real e verdadeiro. Esse é o talismã mágico que o protegerá; agarre-se a ele. O último conselho é: paciência! A noite é mais escura antes do amanhecer. Mas a aurora virá.

❧

Sua atitude mental é determinante. Ela o levará a alturas sublimes ou o lançará num mar de indescritível desespero. Em tudo o que você fizer, lute para manter a atitude mental correta.

⚬⚬⚬

Paciência e esperança caminham juntas.

⚬⚬⚬

A habilidade para persistir durante um período de dificuldades, quando as frustrações e humilhações parecem insuportáveis, pode mudar para melhor o destino de uma pessoa.

⚬⚬⚬

Nessa triste e solitária "noite" você parece estar diante de um muro intransponível. Porém, com paciência, poderá encontrar uma saída. É sempre bom recordar a frase de Abraham Lincoln: "Isso também passará".

⚬⚬⚬

Se você não for bem-sucedido, mas persistir apesar dos insucessos, algum dia você subitamente descobrirá que possui o poder de vencer, o poder de realizar o que antes, com sua limitada capacidade, lhe parecia impossível. Essa dádiva — pois é realmente isso — é a Graça.

⚬⚬⚬

O aspirante que clama em desespero por não ser capaz de fazer progressos nem chegar a uma experiência mística, que se lamenta por pensar que a Graça está ausente ou indiferente a ele, não entende que tem dentro de si, assim como todos os homens, um lugar onde essa Graça habita. Quando digo todos os homens, quero dizer todo ser humano — o que inclui também o grande número de não-aspirantes. Assim como o atleta pode, com alguma paciência, encontrar o que ele chama de segundo fôlego, assim também pode o homem, cujo pensamento, sentimento, vontade e aspiração estão exauridos, encontrar profundos recursos internos; mas isso requer paciência e receptividade. O mais importante é ter esperança, aguardar e manter-se receptivo.

⋘⋙

O que retarda a realização do seu propósito de mudar o seu ambiente ou transformar o caráter é o peso de seu próprio karma passado. Todavia, apenas retarda; se você mantiver a força da concentração e da determinação, seus esforços finalmente darão frutos.

⋘⋙

A derrota é apenas um sinal de alerta, chamando-o para erguerse e continuar adiante.

⋘⋙

Se acontecimentos externos o levarem a uma situação insuportável e o obrigarem a, em desespero, voltar-se para o poder superior, clamando por socorro, ou se seus próprios sentimentos o fizerem sentir-se humilhado ou o levarem a reconhecer sua dependência desse poder maior, essa aniquilação do ego pode abrir as portas para a Graça.

⋘⋙

Na mesma proporção em que você conseguir entregar sua mente ao Eu Superior, entregará também as preocupações e receios que a acompanham.

Para passar de um negro desespero a uma paz curadora é preciso começar a aprender a "desprender-se". Isso pode se referir a deformadas imagens do passado, a difíceis condições do presente ou a desagradáveis antecipações do futuro. Para onde, então, pode aquele que sofre se voltar? Para o Eu Superior e seu divino poder.

O mesmo poder que o trouxe até aqui, certamente o conduzirá na próxima fase de sua vida. Você deveria confiar nisso e colocar de lado qualquer ansiedade, como um passageiro que viaja num trem e, em vez de carregar sua bagagem, coloca-a no chão do trem, deixando que ele a leve. A bagagem representa os esforços pessoais de planejar, organizar e moldar o futuro dominado pelo desejo e apego. Isso é como insistir em carregar a própria bagagem. O trem representa o Eu Superior ao qual você deveria entregar seu futuro. Viva na Paz interior, livre de expectativas, desejos, ansiedades e preocupações.

Há ocasiões em que é prudente ou sensato praticar a submissão estóica. Porém, há outras em que é necessário lutar contra os acontecimentos ou o ambiente.

Esforçar-se da maneira errada cria obstáculos e esforçar-se da maneira correta ajuda. Rebelar-se contra o destino não ajuda; aceitá-lo e melhorá-lo, sim.

Resignar-se às circunstâncias, adaptar-se ao ambiente, aceitar o inevitável, embora com relutância — tudo isso tem seu lugar, assim como o uso decidido da vontade.

❧

Lutar bravamente por um propósito meritório, mas resignar-se em abandoná-lo se o destino for contrário à sua realização, não é o mesmo que nada fazer e deixar tudo a cargo desse destino. Eliminar de dentro de si as causas dos sofrimentos e preocupações possíveis de serem evitadas, mas suportar com resignação aquelas que fazem parte da sina inexorável da vida humana, não é o mesmo que nem tentar removê-las, aceitando cegamente seus efeitos como obra do destino.

❧

Quando você tiver feito essa entrega, tiver feito o possível como ser humano, deixando por completo os resultados ao Eu Superior, quando tiver analisado repetidamente suas lições e as tiver levado para dentro do coração, o problema não será mais seu. Você estará livre dele, mentalmente liberado de seu karma, qualquer que seja a situação externa. Você saberá, então, que o que quer que venha a acontecer, será para o bem.

❧

Aceite a longa noite com paciência, humildade, serenidade e resignação como sendo para seu próprio bem. Não é um castigo por erros cometidos, mas um instrumento para a aniquilação do ego.

❧

Tudo se resume nisso: o homem abalado por acontecimentos adversos ou por seus próprios fracassos, sem confiança em si mesmo e sem esperança no futuro, afligido pelo que São João da Cruz chamou de noite escura da alma — esse homem está, sem o saber, possivelmente num "momento-chave" de sua vida. Que ele abandone esse seu pobre ego destroçado, essa sua já abalada crença de que pode, com sucesso, dirigir sua vida e ore para que o Eu Superior assuma tudo isso.

ᲪᲕᏚᎧ

É preciso muita coragem para enfrentar a vida, todavia não devemos nos esquecer da necessidade de ter muita humildade diante do Criador.

ᲪᲕᏚᎧ

Quando deixar de acreditar em suas próprias virtudes e mesmo em sua própria capacidade, a ponto de se desesperar, você estará pronto para orar da forma correta e a aprender a depender totalmente da Graça do Eu Superior. Quando tiver reconhecido que o mal em você e nas outras pessoas é tão arraigado e tão forte que não há nada que possa fazer, você terá que se voltar para esse Poder. Quando deixar de acreditar em sua própria natureza humana e não mais se ativer a projetos pessoais, então você terá realmente abandonado o ego. Isso lhe trará a possibilidade de se abrir para a Graça.

ᲪᲕᏚᎧ

A ansiedade cessa e as preocupações desaparecem quando essa rendição ao Eu Superior cresce e se desenvolve em seu coração. E essa ausência de preocupação se justifica, pois o grau de sua entrega determinará em que grau o Poder Divino irá intervir em sua vida.

ᲪᲕᏚᎧ

Sejam quais forem as nuvens mentais e emocionais que o dia possa trazer-lhe, não as detenha; deixe-as passar. Isso pode parecer uma façanha sobre-humana, mas torna-se possível quando você as transfere para o poder superior.

Seus problemas podem por vezes deixá-lo com uma sensação de frustração e derrota. Isso é natural. Significa apenas que uma situação difícil está sendo imposta a você pelo destino. Você deveria avaliar isso filosoficamente como uma indicação geral da impossibilidade de satisfação da vida na Terra, no sentido budista. Nesse caminho você se defronta com todo tipo de vicissitudes e altos e baixos, em parte para lhe mostrar claramente que a realidade interna é o único valor imutável e assim obrigá-lo a se empenhar na Busca, e em parte para revelar suas qualidades latentes. Mas as provas não irão além do que você pode suportar.

Quando você puder perdoar Deus por todo o sofrimento passado e as outras pessoas pelo mal que lhe causaram, você terá paz interior, pois isso é justamente o que seu ego não pode fazer.

Se você conseguir resistir à tentação de se rebelar contra situações difíceis pelas quais você passa, voltando-se, em vez disso, para seu próprio interior, onde é possível suportá-las com resignação, você se fortalecerá e encontrará paz.

O Ser Interior emergirá e se revelará tão logo o ego se renda, torne-se suficientemente humilde e dócil. Isso é uma certeza, pois vivemos sempre no Amor de Deus.

Capítulo 2

CULTIVE A SERENIDADE E O REEQUILÍBRIO

A Graça está aqui para todos. Ou não poderia existir para uma pessoa em particular e não para outra. Nós é que não sabemos como abrir os braços para recebê-la, nem como abrir nossos corações, sempre tão voltados para o ego, para deixá-la entrar suavemente.

Há situações extremamente difíceis, circunstâncias que podem parecer impossíveis de suportar. É nessa hora que aqueles que aprenderam a se recolher em seu próprio interior, a se voltar para sua fonte, poderão encontrar auxílio e força.

❧

Por mais negro e cheio de erros que tenha sido seu passado, por mais confusa que esteja sua vida, essa paz indescritível tudo apagará. Nesse abraço sublime, os erros não mais são percebidos, as tristezas não mais sentidas e os pecados esquecidos. O coração e a mente são purificados.

❧

A vida externa de uma pessoa pode sofrer toda espécie de limitação, desde a paralisia do corpo até um ambiente extremamente desfavorável, porém internamente, durante a meditação, ela é livre para atingir uma esfera de luz, beleza, verdade, amor e poder.

❧

A maior parte de nossos sofrimentos nos é infligida por acolhermos e cultivarmos pensamentos negativos. Eles encobrem e escondem o centro de quietude de nosso ser, que é alegria infinita.

❧

Nós nos mantemos excessivamente ocupados e depois nos perguntamos por que nossos nervos estão tensos, nossa mente inquieta e nossas noites insones. Aquele que conhece a arte de relaxar perfeitamente o corpo, a respiração e a mente tem mais possibilidade de ter saúde, equilíbrio e paz

❧

Procure, tanto quanto possível, evitar a ansiedade com relação a seus problemas, sejam eles de natureza material ou espiritual. É preciso cultivar uma atitude de calma e esperança com relação ao futuro.

☙❧

Quando você se volta para seu próprio interior e atinge um determinado grau de profundidade, as dores físicas e os problemas emocionais deixam de existir. Eles desaparecem da consciência daquele que medita.

☙❧

Em meio ao tumulto dos pensamentos e sentimentos gerados pelo ego, a angústia resultante de uma circunstância adversa que o ego não tenha sido capaz de suportar ou resolver pode ser atenuada ou mesmo desaparecer. Para isso, devemos relaxar e deixar de lado aquilo que nos preocupa, mantendo o corpo e a mente quietos, seja orando por paz interior, seja meditando, mas de qualquer forma transferindo o problema para o poder superior, como um sinal dessa entrega. Esse afastamento temporário dá ao Eu Superior a oportunidade de romper a crosta do ego e trazer sua paz, auxílio, orientação ou cura espiritual.

☙❧

Deixe de lado os pensamentos que provocam tanta agitação na mente, tanta tensão, e desfrute a paz da Quietude mental. Isso é mais fácil dizer do que fazer. Por isso busque ajuda no corpo, nas leituras inspiradas, nos exercícios tanto do Caminho Longo como do Caminho Breve e na lembrança de Deus.

☙❧

MEDITAÇÕES PARA PESSOAS EM CRISE

Os piores problemas podem ser vistos de uma melhor perspectiva quando ingressamos nesses períodos de recolhimento e olhamos para eles com o equilíbrio do eu profundo.

❦

Numa situação difícil, se parecer humanamente impossível fazer algo mais, renda-se ao silêncio interior e, então, espere por uma clara orientação ou pela renovação de sua força interior.

❦

Se a atenção concentrada durante a meditação puder atingir um determinado nível da mente, ela alcançará uma fonte de poder e sabedoria que normalmente permanece escondida, desconhecida, esquecida ou intocada. Dessa fonte pode-se obter força, orientação e conhecimento.

❦

Aceitemos o convite sempre disponível da Quietude, experimentemos sua extraordinária doçura e estejamos atentos à sua silenciosa instrução.

❦

Nesses períodos de silêncio, abra-se a novas intuições. Se elas indicarem uma outra direção, também lhe darão a força necessária para segui-la.

❦

Esse é o refúgio para o qual você deve se voltar quando estiver enfrentando dificuldades, esse é o lugar da divina beatitude. Penetre no silêncio; aí você encontrará a força para vencer.

Seja qual for o problema que o aflija — físico ou mental, pessoal ou de caráter geral, material ou espiritual — há apenas um refúgio seguro para o qual você pode sempre se voltar. Se tiver aprendido a arte de aquietar-se, poderá deixar seu problema de lado por um tempo e, então, voltar-se para um nível mais interno, de absoluta serenidade e paz imperturbável. Isso não é um covarde escapismo ou uma forma tola de se auto-iludir — embora para místicos não filosóficos possa ser, e freqüentemente é — pois quando você emerge do silêncio interior e retoma o problema, você traz também a força para suportá-lo corajosamente e a sabedoria para lidar com ele de maneira correta. Isso irá sempre ocorrer se sua abordagem for por meio do misticismo filosófico que tem como meta a ação inspirada e não o devaneio inspirado. Além disso, seu contato com a Mente interior irá mobilizar forças misteriosas que trabalharão a seu favor para resolver o problema, independentemente de seu esforço consciente e de seu conhecimento.

Penetrar nessa quietude é a melhor forma de orar.

A capacidade de se recuperar rapidamente dos choques inesperados que a vida apresenta e de reagir positivamente a eles será um dos benefícios de cultivar a calma.

Vida, história, experiência — cada uma nos transmite a mesma clara mensagem. O templo de Salomão, outrora uma pirâmide que ocupava uma vasta área, ruiu e com ele seus milhares de adoradores. O que, como e onde, então, devemos adorar? Busquemos o Poder que é eterno, que transcende os séculos, não pronunciemos qualquer palavra, mas permaneçamos em silêncio, pois aqui a voz dos pensamentos do pequeno ego soa como um insulto. Que nos voltemos para o profundo do coração, como Jesus nos ensinou, pois levamos a verdade dentro de nós — embora poucos o saibam — e em nossa consciência mantemos o mais estreito vínculo com esse Poder.

☙❧

Sentar-se na grama no topo de um rochedo, olhando para a vastidão do mar, e então deixar que a mente se esvazie de todos os problemas é uma experiência que traz serenidade. À medida que os minutos passam, o equilíbrio é restaurado e a paz se instala.

☙❧

O homem sensível, quando angustiado, procura com freqüência, se as circunstâncias permitirem, voltar-se para a natureza, dirigindo-se a um bosque, a uma floresta, a um parque ou até mesmo a um pequeno jardim, seja para mudar de ambiente, seja para refletir sobre sua situação. Por quê? Esse é um ato instintivo. Ele necessita de ajuda, de esperança, conforto, orientação e paz. O impulso é verdadeiro, é uma resposta a uma orientação de seu Eu Superior.

☙❧

Quando estiver triste, dirija-se a uma floresta silenciosa a fim de receber conforto sem palavras.

☙❧

Quando você estiver em grande dificuldade, para a qual nenhuma voz humana pode trazer consolo, volte-se, então, para a natureza. Nos silenciosos bosques, nas margens dos rios, no panorama que se avista do alto das montanhas, você pode encontrar pelo menos um pouco daquilo que não pode ser encontrado em nenhum outro lugar.

☾✦☽

A forte impressão emocional da beleza que uma cena da natureza pode evocar — se você se ativer a ela, sem passar rapidamente para outros pensamentos — fará com que o ego, com seus limites e interesses extremamente restritos, desapareça de sua consciência. Você o esquece e, nesse esquecimento, é temporariamente liberado dele.

☾✦☽

Quanto mais me aproximo da natureza, mais me afasto do mal. Aproximo-me dela porque me sinto atraído por sua beleza e curado por sua paz. Além disso, sinto que a virtude, em seguida, aflora.

☾✦☽

Você pode ser suavemente tocado por essa beleza da natureza que o faz parar e olhar atento, que o faz permanecer quieto por algum tempo, admirando o cenário, até que, de tão absorvido, se perca nele. O ego e seus interesses desaparecem. Sem se dar conta, você se aproxima da maravilhosa paz do Eu Superior.

☾✦☽

Nos bosques silenciosos ou nos verdes vales, ouvindo os riachos que murmuram ao descer a montanha, a contemplação da natureza pode evoluir para uma perfeita comunhão.

Na beleza que a natureza oferece, você pode encontrar um catalisador que levará seus sentimentos a um plano mais elevado.

Há momentos em que podemos ficar a sós com a natureza, quando nenhum som interfere e tudo está quieto, agradável, harmonioso. Se mergulharmos profundamente nessa quietude, descobriremos que está associada ao que a maioria das religiões chama de Deus.

Por que pessoas sensíveis consideram tão atraente a liberdade representada pela visão de uma ampla paisagem marítima ou terrestre? A liberdade e a amplidão do espaço reproduzem fora do corpo os mesmos atributos do Espírito dentro dele.

Uma magnífica cena do Sol sobre a Terra, sobre o oceano ou no céu pode proporcionar um espetáculo que arrebata a mente e o coração. O efeito sobre o sentimento pode ser profundo a ponto de tornar avassaladora a sensação de paz, de elevação e de exaltação. É uma experiência rara e memorável, em que a fé num Poder inteligente por trás das coisas é restaurada ou fortalecida. Ela passará completamente, pode mesmo nunca mais se repetir, mas não será possível esquecê-la.

O que poderia ser simbolicamente mais importante e esteticamente mais agradável do que observar o Sol surgir por trás das montanhas ou sobre o mar? Que esperança ele traz, que auxílio promete a todos os seres e não só à humanidade! E o que poderia ser mais belo e mais tranqüilizador do que observar quando ele se põe ao entardecer?

☙❧

O Sol do crepúsculo possui sua própria beleza, sua própria poesia. Vale a pena aguardar aquele breve período que antecede o sagrado repouso da natureza, quando se pode partilhar sua paz com a própria alma, seu mistério com a própria mente e sentir sua ligação com o próprio Eu. À medida que a noite cai, há uma mudança de perspectiva e verdades fundamentais são vislumbradas ou tornam-se mais claras. Seus efeitos também são sentidos pelo coração e os sentimentos que se tornam mais puros, mais nobres, mais ricos.

☙❧

Por mais tenso, difícil ou cansativo que tenha sido seu dia, essa pausa em harmonia com a própria pausa da Natureza alivia e até redime esse dia.

☙❧

É como se o Sol desse um último e demorado beijo na Terra, uma saudação de adeus que serve de lembrete para manter viva a esperança.

☙❧

Quão valiosos são aqueles momentos em que o homem encontra tempo para "parar e olhar" um pouco da beleza das flores ou da coloração das árvores, ou para ouvir música da maneira correta!

Grande parte da beleza que antes ele não havia notado será agora descoberta e fortes tensões desaparecerão.

ᬒᬒ

A música pode, melhor do que a linguagem, expressar a experiência mística, pode falar de seu mistério, de sua alegria, tristeza e paz. Nela o intelecto fatigado encontra algo que o revigora e as emoções tumultuadas encontram conforto.

ᬒᬒ

Reconhecer, apreciar ou criar beleza é trazer alegria para a vida.

ᬒᬒ

Ao admirar a beleza da natureza, ao apreciar a arte, a música, a poesia e a literatura, você poderá encontrar fontes de auxílio interno e temas para a meditação.

ᬒᬒ

E se eu não tiver esses lampejos?, foi-me perguntado. Que posso fazer para transpor esse enfadonho, monótono, árido e estéril deserto espiritual que é a minha existência? A resposta é: se você não conseguir meditar, busque o contato com a natureza em locais calmos e belos; recorra à arte em suas expressões sublimes e elevadas; procure ouvir uma grande alma, seja numa conversa particular ou em palestras públicas; busque na literatura um livro inspirado escrito por alguém que tenha tido esses lampejos.

Capítulo 3

OS PROBLEMAS, NOSSOS INSTRUTORES

Em certo sentido, os problemas são nossos instrutores, e quanto maior a dificuldade, maior o ensinamento impresso no nosso ser.

Se, por um lado, a situação pela qual você está passando é difícil de suportar, por outro, ela representa uma oportunidade que não voltará a ocorrer da mesma forma e sob as mesmas circunstâncias; será uma oportunidade para você aprender uma determinada lição, fazer aflorar uma energia latente ou ainda trabalhar um traço particular de seu caráter.

⚬

Mesmo os problemas podem tornar-se instrumentos de autoaprendizado e algum tipo de benefício é obtido com a experiência. Isso, contudo, só poderá acontecer, mais fácil e rapidamente, se a decisão de aprender e uma correspondente entrega do ser estiverem presentes. É então que o assim chamado mal é transformado no assim chamado bem.

⚬

Por vezes, o karma nos impõe provas e sofrimentos nada agradáveis de suportar. Não obstante, eles têm algo a nos ensinar — mesmo que seja a velha lição de precisarmos encontrar uma vida interior mais satisfatória para compensar a transitoriedade e as vicissitudes da vida externa. Não podemos evitar essas provas enquanto vivermos sobre a Terra, porém podemos ter a esperança de compreendê-las e, eventualmente, até dominar as reações mentais a elas. Então, encontraremos paz e sabedoria.

⚬

A maioria das pessoas tende a não acordar quando seus sonhos são agradáveis, ao passo que quando são assustadores, logo despertam. Da mesma forma, o sonho da vida terrena não as faz ver a necessidade de uma verdadeira religião, até que uma tragédia ou um profundo desapontamento as atinja. Somente quando a tristeza as leva a questionar o valor da vida é que elas sentem um real interesse pelo que é espiritual.

೦ॐೲ

A natureza humana é frágil; a sua não é uma exceção. Contudo, se você estiver abalado por suas falhas, se a angústia resultante for redobrada pelo fato de seu erro ser irreparável, será que não há nada mais a fazer a não ser entregar-se a um profundo desespero? A resposta verdadeira é mais auspiciosa do que essa: "Se tiver paciência, enquanto cultiva a humildade e silencia o orgulho do ego, poderá ver-se livre de antigas fraquezas e superar erros passados". Esse seria o primeiro estágio de sua nova atitude; no estágio seguinte, você poderia, pelo menos, repassar os acontecimentos do passado e alterá-los em pensamento. Teria, então, a possibilidade de mentalmente corrigir as decisões erradas e modificar as ações impulsivas ou precipitadas. Colheria, assim, os frutos de lições aprendidas com muito sofrimento.

೦ॐೲ

Quando nos defrontamos com as dificuldades do caminho, procurando compreendê-las, enfrentá-las e aprender a lidar com elas, é que crescemos. Para todos nós a vida neste mundo é uma luta contínua, por mais que as aparências externas sugiram o contrário. O descanso é apenas para os mortos — e, ainda assim, por tempo limitado. Devemos aprender as lições subjacentes a cada experiência, dolorosa ou agradável, que o karma nos traz. Nada perdemos, exceto aquilo que deve ser perdido, quando reconhecemos com sinceridade os erros passados. Apenas a vaidade ou o egoísmo constituem obstáculos a esse reconhecimento. A vida na Terra é, afinal, um meio transitório para um fim duradouro. O valor de suas experiências, ou a ausência dele, não está em qualquer forma exterior em particular, mas no desenvolvimento da consciência e do caráter ao qual elas conduzem. Somente após o tempo ter diminuído o fogo das paixões e dissipado a névoa do egocentrismo é que a maior parte das pessoas torna-se capaz de perceber que esse desenvolvimento mental é a razão última e essencial de seu destino humano. Para aqueles que buscam a verdade, o período de meditação deve ser dedicado, pelo menos em parte, a alcançar essa percepção, mesmo em meio aos acontecimentos da vida.

ග%ටා

O lugar onde você se encontra, as pessoas que o cercam, os problemas que enfrenta, os acontecimentos do momento — tudo tem um significado especial para você. Ocorrem segundo a lei da recompensa e segundo as necessidades específicas de seu crescimento espiritual. Estude-os cuidadosamente, mas de maneira impessoal, sem deixar que o ego interfira, e aja de acordo com isso. Será difícil e talvez mesmo desagradável, porém constitui a maneira correta de resolver todos os seus problemas. Foi isso que Jesus quis dizer quando afirmou: "Aquele que quiser me seguir, que negue a si próprio, pegue a sua cruz de cada dia e siga-me". Essa é, no verdadeiro Cristianismo, a crucificação do ego e que conduz diretamente à ressurreição na realidade do Eu Superior. Considere sua pior e mais irritante dificuldade como a voz de seu Eu Superior. Tente ouvir o que Ele diz. Tente remover os obstáculos que Ele aponta em você. Considere essa prova, essa situação específica como algo da maior importância para o seu crescimento espiritual. Quanto mais esmagadora ela for, mais esforço estará sendo feito para aproximá-lo do Eu Superior. Em qualquer momento de sua vida, por meio de um acontecimento, situação ou contato com outra pessoa, a Inteligência Infinita lhe oferece os meios de crescimento, bastando você sair de sua rotina egoísta e aceitá-los.

OS PROBLEMAS, NOSSOS INSTRUTORES **53**

⟨ℬ⟩

É verdade que todo acontecimento da vida externa pode ser aceito como benéfico para a vida interior, que a situação mais calamitosa pode ser considerada como a vontade de Deus para nós. Porém, é também verdade que a menos que perguntemos — e respondamos corretamente — em que sentido isso é bom e por que representa a vontade de Deus, poderemos deixar de descobrir em nós a falha e de nos esforçar para corrigi-la, tornando-a benéfica e providencial. Cada situação apresenta não apenas a necessidade e a oportunidade de reconhecermos um poder superior agindo em nossa vida, mas também uma ocasião para nos auto-analisarmos e nos aperfeiçoarmos.

⟨ℬ⟩

Não se entregue a sentimentos de desespero diante do longo caminho à sua frente. Você poderá ir longe na presente encarnação, principalmente após começar a reconhecer seus "insucessos" como degraus que são, e a usar o conhecimento e o discernimento obtidos com essas experiências para resguardar seu progresso futuro de situações semelhantes. Além disso, você não está só em seus esforços e a ajuda *está* sempre disponível.

⟨ℬ⟩

Pelo fato de a Mente por trás da vida no Universo ser infinitamente sábia, sempre há uma razão para aquilo que nos acontece. Por isso, é melhor não maldizer os acontecimentos adversos, mas tentar descobrir por que motivo estão presentes. Pode servir de consolo culpar outras pessoas, porém isso não nos ajudará. Se buscarmos as causas dentro de nós mesmos, daremos o primeiro passo no sentido de pôr fim ao sofrimento; se buscarmos fora de nós, poderemos prolongar desnecessariamente essa situação.

MEDITAÇÕES PARA PESSOAS EM CRISE

കൗ

Se você estiver aberto a ensinamentos, a vida o conduzirá, por meio de intensos arrebatamentos e amargos sofrimentos, ao aprendizado do valor da serenidade. Caso contrário, as grandes oscilações da experiência irão atormentá-lo até o fim.

കൗ

O tipo de experiência que mais o desagrada é exatamente aquele que o obriga a procurar suas causas, e assim começar, inconscientemente, a buscar o significado da vida. Os desapontamentos em sua vida emocional, os sofrimentos em seu corpo físico e as adversidades de seu destino pessoal deveriam ensiná-lo a discernir com maior cuidado, a refletir mais profundamente e, no final, a aceitar melhor o sofrimento.

കൗ

De fato, poderá chegar o momento em que, purificado da parcialidade do ego, você beijará a cruz que lhe causou tanta agonia e, quando curado de sua cegueira, você verá que ela era uma dádiva de mãos amorosas e não uma maldição de lábios maldosos. Perceberá também que por sua insistência anterior em apegar-se a um ponto de vista inferior, não havia outra maneira de fazê-lo perceber a necessidade e o valor de uma perspectiva superior, a não ser o caminho do sofrimento libertador. No final, porém, a ferida será perfeitamente curada, deixando, como lembrança, uma sabedoria muito maior.

കൗ

O despertar para a necessidade do Divino pode ocorrer por meio de alguma crise mental ou choque emocional, que abale todo o seu ser até seus níveis mais profundos. É devido ao sofrimento e dor produzidos por uma situação como essa que você dará os primeiros passos trêmulos no caminho secreto. São esses tormentos externos da vida que abalam a resistência interna, de maneira que a necessidade de ajuda espiritual seja reconhecida. Quanto mais insatisfatória se torna a vida exterior, mais plena parece a abençoada vida interior, tanto pelo contraste como por si mesma.

ᘓᘔᘒ

Pelo sofrimento pode vir a transmutação de valores e até mesmo a transformação do caráter. Porém, esse desenvolvimento somente é possível se você cooperar. Caso contrário, o sofrimento terá sido em vão, infrutífero.

ᘓᘔᘒ

O grande erro de todos esses ensinamentos espirituais voltados para a felicidade no plano material, como Novo Pensamento, Unidade, Ciência Cristã e, especialmente, o "Poder do Pensamento Positivo" do Dr. Peale é o fato de não haver lugar para dor, tristeza, adversidade e infortúnio em sua idéia de mundo divino. Eles desconhecem completamente a enorme verdade expressa por todos os grandes profetas de que, por determinação divina, o destino do homem deve mesclar boa e má sorte, boa e má saúde, bons e maus acontecimentos, situações e condições; que o sofrimento foi incorporado ao esquema das coisas para impedir a humanidade de se tornar totalmente satisfeita com uma existência norteada pelos sentidos. Eles querem apenas o lado agradável da experiência. Se essa exigência lhes fosse concedida, o homem seria privado da oportunidade de aprender todas as lições valiosas e necessárias que o lado desagradável da experiência lhe proporciona e, portanto, seria privado para sempre da oportunidade de alcançar um conhecimento completo da verdade espiritual. É o ego a verdadeira fonte de tais ensinamentos limitados. Seu desejo de fazer a própria vontade, e não de se entregar, está por trás da atração que esses cultos exercem sobre seus confiantes seguidores. Tais cultos mantêm os aspirantes subjugados ao ego pessoal, limitando-os aos seus desejos. Evidentemente, nesse caso, o ego disfarça-se sob uma máscara de espiritualidade.

⚔

Se seu remorso e arrependimento forem exagerados, se sua auto-análise e autocrítica tornarem-se mais prolongadas do que seria razoável e intensificarem-se de forma insuportável, o motivo determinante será, nesse caso, não a verdadeira humildade, mas uma auto-piedade neurótica.

⚔

Ouça a mensagem que a experiência tenta lhe transmitir; depois aprenda-a e siga-a obedientemente.

⚔

Quando qualquer situação que a vida apresenta é usada em benefício do crescimento espiritual, nenhuma experiência pode ser realmente má.

⚔

Todas as experiências da vida externa, se corretamente interpretadas, poderão ser transformadas em portas que se abrem para o divino.

⚔

As experiências que lhe chegam e as circunstâncias nas quais você se encontra têm sempre um significado. Normalmente elas contêm uma lição cármica pessoal e deveriam ser estudadas muito mais do que o conteúdo dos livros. Você deve tentar compreender de maneira impessoal o significado interior subjacente a elas. Seu sentido pode ser percebido pela observação imparcial de tais acontecimentos, pela avaliação das forças neles envolvidas, por uma profunda reflexão e pela oração. A cada indivíduo é destinado um determinado número de experiências, experiências essas que diferem de pessoa para pessoa. Cada vida é individual e recebe da lei da recompensa aquilo de que realmente necessita, não aquilo de que uma outra pessoa necessita. O modo como você reage às diferentes situações, agradáveis e desagradáveis, que ocorrem na vida diária é que irá indicar melhor o quanto você compreendeu de tudo isso, muito melhor do que qualquer visão mística colorida pela imaginação.

ᘓᗅᗂᘖ

Nem só o sofrimento, nem só a alegria podem educar seu coração e desenvolver sua mente da maneira correta. Ambos são necessários.

ᘓᗅᗂᘖ

As lições da experiência passada não são suficientes em si mesmas para proporcionar toda a orientação necessária para a vida presente. Precisamos também dos ideais ditados pela intuição, dos princípios e idéias provenientes do nosso interior, da parte superior de nossa natureza e também daqueles vindos de fora por meio dos instrutores espirituais e profetas religiosos da humanidade.

⊂⅋⊃

Seria fácil interpretar erroneamente a atitude filosófica em relação aos seguintes sentimentos negativos: ansiedade, preocupação, medo, indignação e raiva justificada. A filosofia não nos ensina a evitar o confronto com a situação ou circunstância da qual se originou qualquer desses sentimentos, mas somente a evitar a reação negativa a essa situação. Ensina-nos também a aprender tudo o que pudermos com a experiência, a compreender por que ela se apresenta a nós, a analisar seu significado e a aplicar a lição que nos transmite. Somente após isso ter sido feito, e principalmente após termos nos empenhado em corrigir qualquer falha ou defeito em nós que tenham colaborado para criar essa situação, é que somos aconselhados a esquecê-la, a desviar dela nossa atenção e a calmamente permanecermos com o pensamento voltado para o impessoal Eu Superior. Somente então nossas tristezas e sofrimentos terão fim e reconheceremos que na verdade não existe lugar para o desespero. Essa sabedoria obtida pela reflexão deve ser seguida de coragem e até mesmo de alegria.

⊂⅋⊃

É necessário sabedoria para se obter o máximo da vida, disciplina do caráter para prevenir sofrimentos que podem ser evitados, controle do pensamento para se atingir a paz, e reverência pelo mais elevado para a realização espiritual.

⊂⅋⊃

O autocontrole é o seu amigo mais fiel em todas as circunstâncias e contingências da vida.

⊂⅋⊃

Estão aptos a lidar com a vida aqueles que conseguem lidar tanto com seus lados mais obscuros, como com os mais iluminados, com suas dificuldades e sofrimentos, assim como com suas alegrias e sucessos.

☙❧

Nossa libertação dos sofrimentos da vida está ligada apenas à nossa libertação do jugo do ego.

☙❧

O pior de uma adversidade não é passar por ela, mas deixar de compreendê-la e, conseqüentemente, interpretá-la de forma errônea. Quando ela torna nosso caráter pior, diminui nossa fé, enche-nos de ressentimento, amargura, raiva ou ódio, nós é que somos prejudicados e não apenas o nosso destino.

☙❧

As leis psicológicas que governam o desenvolvimento interno dos buscadores espirituais com freqüência parecem operar de modo muito misterioso. O mesmo poder cuja presença você crê que lhe tenha sido negado — a Graça — está cuidando de você, mesmo quando você não está consciente desse fato. Quanto maior a angústia num determinado momento, mais o Eu Superior estará subjugando o ego. Quanto mais só e abandonado você parece estar, mais o Eu Superior o está atraindo para perto Dele.

☙❧

Se conseguisse adotar um ponto de vista perfeitamente impessoal, você seria capaz de ver quanto de seu desenvolvimento espiritual se deve a profundas tristezas, a perdas e sofrimentos, dos quais uma vez você se queixou ou encarou com pessimismo. Você iria, então, compreender como esses mesmos fatores o ajudaram imensamente a aumentar sua determinação, aguçar sua inteligência e, sobretudo, melhorar seu caráter.

❧

Num ponto todas as pessoas, em todos as partes do mundo, concordam: é imensamente preferível não ter ansiedades do que passar por elas. Contudo, essas mesmas pessoas lançam-se em situações ou provocam acontecimentos que irão torná-las vítimas da ansiedade. Como é possível existir em toda parte essa contradição? O que as leva a agir assim? É a força de seus desejos, o poder de suas ambições, tendências herdadas de nascimentos passados. Sendo essa a causa do problema, o remédio para ela torna-se fácil de descobrir. Quanto mais você se libertar de desejos, isto é, quanto maior for seu domínio sobre si mesmo, mais você se libertará de inúmeras ansiedades. E, mesmo que seja submetido a dolorosas provas e desagradáveis tribulações, que inevitavelmente afetam a existência humana, você não deverá considerá-las como infortúnios, mas sim como instrumentos que fazem aflorar suas qualidades latentes.

❧

Ninguém consegue libertar-se de todas as formas de sofrimento exterior; entretanto, todos podem libertar-se do sofrimento interior.

❧

Cada dificuldade vencida, cada fraqueza superada irá fortalecer sua vontade e aumentar sua perseverança. Isso evocará a parte mais elevada de seu ser e disciplinará sua natureza inferior, tornando-o, assim, capaz de lidar de forma mais adequada com as dificuldades futuras.

OS PROBLEMAS, NOSSOS INSTRUTORES   61

☙❧

Todas as vezes que você tomar o difícil caminho de reconhecer uma falha, arrepender-se de um erro, buscando depois com sinceridade repará-lo, será recompensado por uma súbita sensação de paz e serenidade, ausente em outros momentos.

☙❧

Para erradicar a ira você deve cultivar seu oposto — o perdão.

☙❧

Comumente, não é fácil nem natural perdoar alguém que nos tenha prejudicado. A capacidade para fazê-lo virá, à medida que a compreensão aumentar suficientemente, a meditação aprofundar-se ou quando a Graça nos abençoar.

☙❧

A purificação moral que ocorre ao nos libertarmos de todo ódio e oferecermos um completo perdão abre uma porta para a luz do Eu Superior.

☙❧

Toda experiência mostra quanta perturbação e sofrimento geralmente acompanham paixões desenfreadas e sentimentos descontrolados.

☙❧

Mudanças externas para melhor são quase sempre o resultado de um aperfeiçoamento das condições internas — isto é, um modo de pensar melhor e mais inspirado, além da eliminação de pensamentos e ações negativas.

Quando somos colocados face a face com as conseqüências de nossos erros, gostaríamos de evitar o sofrimento ou, pelo menos, diminuí-lo. É impossível afirmar com precisão até que ponto isso pode ser feito, pois depende em parte da Graça, porém depende também em parte de nós mesmos. Podemos contribuir para modificar, e algumas vezes até mesmo eliminar as conseqüências negativas, se tivermos a determinação de tomar atitudes opostas. Primeiro, temos que absorver profundamente as lições ensinadas por nossos erros. Não devemos culpar nenhuma outra pessoa ou coisa a não ser nós mesmos, nossas próprias fraquezas morais e nossas enfermidades mentais, não dando nenhuma oportunidade de nos auto-iludirmos. Devemos sentir toda a dor do remorso e cultivar pensamentos constantes de arrependimento. Em segundo lugar, devemos perdoar as faltas que outras pessoas tenham cometido contra nós, para que possamos ser perdoados. Isso significa que não devemos ter nenhum sentimento negativo em relação a nada nem a ninguém, quaisquer que eles sejam. Terceiro, devemos refletir constantemente sobre o que conduz à direção oposta a de nossos erros e agir de acordo. Quarto, devemos nos comprometer por um voto sagrado a tentar nunca mais cometer as mesmas faltas. Se realmente cumprirmos essa promessa nós, com freqüência, a traremos para a mente e a memória, renovando-a e mantendo-a sempre viva e presente. Tanto a decisão de não repetir o erro quanto o compromisso assumido devem ser tão intensos quanto possível. Quinto, se houver necessidade, e se quisermos fazê-lo, podemos orar para o Eu Superior invocando sua Graça e perdão com relação a essa questão; porém, não devemos nos valer de uma oração como essa de forma leviana. Ela só deveria ser feita por inspiração de um profundo impulso interior e sob a pressão de uma situação externa difícil.

Se circunstâncias externas diminuem nosso prazer de viver e obstruem nossas metas, elas também nos ensinam algo a respeito da suprema verdade da vida. Se reagirmos a elas, obedecendo aos instintos cegos do ego, elas nos farão mergulhar numa escuridão ainda maior; se, contudo, reagirmos de acordo com os impulsos internos do Eu Superior, elas nos guiarão na direção de uma luz maior.

⊂⊃⊱⊰

Se a filosofia não pode nos indicar um caminho para nos libertarmos de um determinado sofrimento, ela pode nos mostrar como revigorar a capacidade do coração de suportá-lo e introduzir na mente uma nova forma de encará-lo.

⊂⊃⊱⊰

Sua própria atitude em relação aos acontecimentos tem o poder de torná-los bons ou maus, qualquer que possa ser a natureza deles.

⊂⊃⊱⊰

Se as circunstâncias não podem ser evitadas, elas podem ser modificadas. Se não podem ser modificadas, podem ser encaradas com uma atitude mental diferente.

⊂⊃⊱⊰

Os grandes sofrimentos (erroneamente chamados de males) da vida no corpo físico, tais como a doença e a pobreza, são muitas vezes impostos a nós por um destino implacável. Contudo, seria ilusório colocá-los sempre na mesma categoria das grandes transgressões da vida mental, como o ódio e a crueldade. O controle dos primeiros com freqüência está além de nossas forças, e temos que suportá-los, enquanto os pensamentos que envolvem tais transgressões e os atos que deles resultam dependem do nosso controle, podendo ser evitados.

CROSO

Quando você enfrenta períodos e situações difíceis, o essencial é tentar, dentro de suas possibilidades, por menores que sejam, *viver* a Busca espiritual. Isso é muito difícil de ser feito, porém é mais necessário do que nunca. É preciso continuar se esforçando para compreender e pôr em prática o que é correto. Uma grande paciência é exigida nesses períodos, porém grandes benefícios surgirão no final.

CROSO

A chegada de uma grave crise traz consigo suas próprias ansiedades. É então que você deverá se valer do seu conhecimento espiritual, buscando obter a força e a coragem necessárias para suportar com bravura provas e tribulações particularmente difíceis. Somente nesses períodos de crise é que todos os princípios mais elevados têm oportunidade de provar seu sólido valor, pois sem o apoio interior que eles proporcionam e uma certa compreensão do que tudo isso significa, a vida torna-se extrema e cruelmente assustadora. Talvez você já tenha tido alguns vislumbres da paz interior, e agora terá que introduzi-los em sua vida externa e tentar fazê-los vir à tona por meio da constante lembrança do Real. Essa comunhão freqüente e essa lembrança poderão proporcionar-lhe força para prosseguir em seu caminho, paz para enfrentar frustrações, dúvidas e receios, fé naquilo que ainda se encontra além de seu conhecimento consciente e satisfação de saber que os anos vividos não estão sendo perdidos. Todas as demais tarefas passam a ser mais bem realizadas quando você cumpre o supremo dever de perceber a realidade sempre presente em seu coração. Na verdade, as tarefas não podem ser separadas dessa Realidade, pois por meio delas a Realidade tem a oportunidade de se expressar.

⋙⋘

Sentado à mesa de carvalho, reflito sobre meu futuro e passo a fazê-lo agora sem preocupações e com uma calma quase completa. Compreendo, neste momento, o que havia percebido apenas vagamente antes, isto é, que embora os sofrimentos que ainda me atingirão não serão menos reais que os sofrimentos passados, disponho de uma ampla liberdade de ação no sentido de, em meu íntimo, dar forma ao homem que terá de passar por essas aflições. Sei agora que posso criar a figura e o aspecto exterior de um grande herói dentro do reduzido espaço do meu coração; que esse herói é capaz de enfrentar o destino mais sombrio com bravura e determinação; mas que se a derrota tiver que ocorrer, ele irá sorrir e dizer, "Isso também passará", sem sentir demasiada amargura. Tenho o *poder de moldar* esse homem interior; e *o farei*. Esse, então, será o meu futuro; as vitórias ou derrotas do destino representam somente a menor parte dele; a alma que se defronta com esse destino e o enfrenta corresponde à parte maior; e essa alma pode ser moldada por *minhas próprias* mãos.

⋙⋘

Você precisa sair do poço escuro do ressentimento e da autopiedade, no qual os golpes da vida o lançaram. Você precisa extirpar todas as desculpáveis fraquezas humanas que o tornam infeliz. Precisa ter o coração grande e ser generoso diante das falhas de outras pessoas que, segundo você, o prejudicaram. Seria uma grande oportunidade de conseguir rápido progresso espiritual, se pudesse substituir a reação emocional convencional pela reação filosófica, mais calma, se pudesse elevar-se acima do que Rupert Brooke chamava de "a longa insignificância da vida". Você não deveria continuar a guardar ressentimento contra aqueles que o prejudicaram, nem ficar remoendo o que lhe fizeram; deveria esquecer as coisas más e mesquinhas que as pessoas fazem e lembrar-se das coisas generosas, nobres e virtuosas que procuram fazer. Que siga o exemplo de Jesus e perdoe com alegria, mesmo que seja setenta vezes sete. Por esse ato de perdão, você será perdoado pelos erros que também cometeu. No perdoar aos outros você encontra seu próprio perdão. Essa é a lei. Dessa forma você demonstra ser capaz de mudar rapidamente de uma perspectiva auto-centrada para outra mais elevada, desferindo assim contra o ego pessoal um único golpe paralisante. Esse é, sem dúvida, um dos maiores esforços que se pode pedir a alguém, porém as conseqüências apagarão da memória as feridas e mitigarão os sofrimentos.

കൃ

Quando você se defronta com uma situação particularmente difícil, para a qual não encontra solução imediata, será de ajuda que, enquanto espera por uma mudança — que virá — você utilize seu tempo para cultivar deliberadamente maior paciência e tolerância, assim como uma atitude mais objetiva.

കൃ

Não há situação tão má, circunstância tão indesejável, nem crise tão grave que não possa ser transformada em algo bom, quer em sua realidade física, quer na imagem mental que dela fazemos. Contudo, isso exige a decisão de lidar com ela de forma espiritual, isto é, sem interferência do ego.

കൃ

Você deveria começar por observar os seus sentimentos, tentando descobrir qual deles, se é que existe algum, está impedindo que um problema se resolva de forma mais rápida e favorável, qual deles está bloqueando a entrada de forças que vêm em seu auxílio, e qual deles não o está deixando perceber a lição vital que está por trás dessa situação.

ᖍᖴᕳᕰ

É durante os períodos de prova, mais do que em outros momentos, que você precisa manter o equilíbrio.

ᖍᖴᕳᕰ

Aqueles que transformam um destino cruel ou um grave acidente numa oportunidade de obter com isso um benefício espiritual, não se entregando a uma natural amargura, nem se revoltando, mas suportando o sofrimento de forma positiva e criativa, conseguem alcançar sua redenção.

ᖍᖴᕳᕰ

Você poderá reagir às experiências da vida e ao curso dos acontecimentos com a parte animal de sua natureza ou com a parte espiritual dela. A escolha é sua.

ᖍᖴᕳᕰ

Quando você se vir diante de uma situação muito grave que revele fraqueza ou maldade humanas, afirme silenciosamente alguma grande verdade eterna envolvendo essa situação, em vez de deixar-se desencorajar por ela.

ᖍᖴᕳᕰ

Cada prova é um instrutor que nos conduz a um nível superior, um amigo providencial que nos ajuda a adquirir a qualidade de que mais necessitamos.

☙❧

Uma situação difícil ou assustadora deve ser considerada como um desafio. Em momentos como esse, você deve, ainda mais intensamente — por meio da oração, da meditação e da fé, enquanto também exercita o autocontrole no maior grau possível — procurar alcançar a compreensão e a força espiritual necessárias para suportar e superar seus problemas. Em momentos de real perigo, a serena lembrança do Eu Superior ajudará a protegê-lo.

☙❧

Sua reação moral ante um acontecimento, assim como a sua atitude mental e emocional com relação a ele, dependem muito de você. É nesse campo, além disso, que importantes possibilidades de maior crescimento espiritual ou, pelo contrário, de fortalecimento de seu materialismo são possíveis. Você pode renovar sua força interior ou então regredir para uma fraqueza sensual.

☙❧

O ferro do caráter humano transforma-se em aço temperado no alto-forno das dificuldades.

☙❧

Na vida de cada indivíduo, o que acontece com mais freqüência é a Graça manifestar-se somente após um período de grande sofrimento. Na vida da humanidade ocorre a mesma coisa. Apenas quando guerras e crises tiverem seguido seu curso é que uma nova luz espiritual será lançada sobre nós.

A educação da inteligência humana, o cultivo da intuição espiritual e o enobrecimento do caráter são necessários, uma vez que são eles, em conjunto, que evitam grandes sofrimentos para a humanidade.

Aqueles que têm muita fé nas intenções benevolentes da Mente por trás do universo, cedo ou tarde vêem essa fé ser severamente testada. Pois as adversidades da vida humana recaem sobre todos nós.

Aqueles que entram nesse caminho espiritual têm de passar por provas. Não é suficiente terem fé ou sentirem-se espiritualizados quando o curso da vida é tranqüilo e favorável. Eles precisam aprender a manter a fé e a espiritualidade também quando passam por dificuldades e doenças. Se a prova revela que perderam o controle nesses períodos, isso significa que necessitam fazer um trabalho maior em si mesmos, pois esse fracasso indica que preferem a felicidade e a saúde à realização do elevado propósito espiritual de sua encarnação.

Cada prova superada com sucesso é recompensada com um aumento do conhecimento intuitivo, com o fortalecimento do caráter ou com a iniciação numa consciência superior.

Dessa experiência de submissão do ego e de destruição do orgulho, você poderá sair purificado, cauteloso e obediente à vontade superior.

Saiba que sua atitude em relação a cada experiência conta mais que a experiência em si, que a maneira como a considera irá ajudar ou prejudicar sua evolução espiritual. Se a sua reação a um acontecimento enfraquece o seu caráter e não permite que a sua intuição se desenvolva, ela será realmente um mal para você; se, entretanto, você utilizar essa experiência para seu crescimento espiritual, nesse caso ela se tornará, no final, um acontecimento benéfico.

Nas gigantescas usinas, onde o aço é produzido, pode-se aprender uma importante lição. A matéria bruta é inicialmente submetida à prova do fogo, um fogo tão intenso que a faz perder sua solidez, transformando-a num líquido borbulhante. Depois de a temperatura ter sido suficientemente reduzida para que essa matéria reassuma a forma sólida, essa, ainda rubra devido ao calor, terá de passar por mais uma prova. Será martelada de todos os lados, batida de alto a baixo. Desses processos emerge, afinal, um aço purificado, fortalecido e finamente temperado, que irá resistir aos testes mais difíceis durante seu uso. Homens e mulheres que esperam conseguir algo em suas vidas deverão aceitar o terrível martelar e o sofrimento a que estão sendo submetidos, como um processo semelhante, destinado a remover as impurezas de seu caráter, tornando-o mais nobre.

A prova estará presente em cada grande crise, em cada pequeno sofrimento. Se o trabalho interior foi bem feito, você ficará surpreso com a calma com que irá enfrentá-la e superá-la, perplexo com sua força.

⋘⋙

Outra causa da doença é que Deus nos envia provas e tribulações neste caminho, que podem tomar a forma de enfermidades. Porém, nesse caso, ao passarmos por elas, nós nos tornamos espiritualmente mais fortes e sábios e, assim, somos beneficiados.

⋘⋙

É a situação inesperada, na qual não há tempo para estudar uma resposta ou preparar uma reação, que revela até que ponto pode chegar nossa força. É na crise repentina — que é apenas uma situação levada ao extremo — da qual não há qualquer maneira de escapar, que a sabedoria que possuímos, ou não, mais se manifesta.

⋘⋙

Aquele que consegue elevar-se acima das circunstâncias, crises ou vicissitudes possui um caráter admirável, porém é considerado quase sobre-humano. Assim, acabamos por desenvolver um complexo negativo. Contudo, os seres realmente grandes não são sobre-humanos; são na verdade humanos. Cabe-nos manifestar nosso lado divino; isso os sábios compreenderam e realizaram.

⋘⋙

Quando o ego é subjugado, humilhado a seus próprios olhos, embora amado ou temido, invejado ou respeitado aos olhos dos outros, o caminho está aberto para que a Graça flua. Esteja certo de que essa completa humilhação imposta pelo ser interno ocorrerá muitas e muitas vezes até que você seja purificado de todo orgulho.

಄

Somente quando o orgulho do ego tiver sido destruído, somente quando você estiver desiludido ante as perspectivas do futuro e humilhado pelos fracassos do presente, é que você estará mais apto a ouvir a verdade sobre você mesmo.

Capítulo 4

A CURA

O primeiro princípio de cura consiste em fazer cessar a resistência obstrutiva do pequeno ego, que ocorre pelo fato de ele acreditar que pode dirigir com sucesso a própria vida. O método para se conseguir isso é banir todos os pensamentos negativos, todos os sentimentos destrutivos e o excesso de egoísmo. O segundo princípio consiste em sintonizar a força de vida individual com a universal. O método para se fazer isso é aprender a arte de relaxar o corpo e a mente.

O poder de cura da natureza realmente existe, independente do poder medicinal mencionado pelos médicos; existe como a eletricidade. Para sermos beneficiados por ele, devemos evocá-lo, concentrarmo-nos nele, dirigi-lo para nós. Isso é conseguido por meio de uma fé inabalável, pela concentração da atenção e pelo relaxamento e aquietamento de todo o nosso ser.

⋘⋙

Exercício de cura e meditação: (1) Deite-se de costas numa superfície plana (por exemplo, tapete ou assoalho). (2) Solte completamente o corpo. (3) Relaxe, respirando com os olhos fechados, ou seja, diminua o ritmo da respiração, até um nível abaixo do normal. Expire vagarosamente; em seguida inspire. Segure a respiração por dois segundos; expire de novo, vagarosamente. Repita o exercício de três a cinco minutos. Ao inspirar, pense que está extraindo a força curativa da natureza. Ao expirar, pense que a enfermidade está sendo retirada de seu corpo. Note que, ao inalar, você — o ego — é o agente ativo, enquanto que, ao expirar, isso não acontece e a mudança ocorre espontaneamente. (4) Coloque todos os seus problemas de lado. (5) Reflita sobre a existência da alma, que é você mesmo, e sobre o infinito poder de vida que o envolve e no qual você permanece e vive. (6) Deite-se com os braços estendidos e as palmas das mãos abertas para cima, a fim de absorver a força vital, tanto pelas mãos como pela cabeça. Isso possibilita o contato com o poder superior por meio da meditação silenciosa, e atrai as qualidades de regeneração e de cura desse poder. Permita que ele se distribua por todo o corpo e que sua onisciência o dirija para onde ele for mais necessário, seja para a parte afetada ou para qualquer outra parte onde possa ter-se originado a enfermidade. (7) Coloque as mãos sobre as partes do corpo atingidas pela doença e deliberadamente dirija a força para o corpo por meio das mãos. Uma sensação de calor deverá ser percebida nas palmas das mãos. (8) Procure lembrar-se de Deus que tudo permeia e de Sua infinita bondade.

Exercício de cura: inspire profunda, porém vagarosamente, sem pressa. A cada respiração visualize a essência vital fluindo e permeando cada parte do corpo até que todo ele seja banhado e sustentado por essa corrente.

Usando a imaginação e respirando profundamente, é possível dirigir o poder curativo da luz branca para qualquer parte do corpo onde se sinta dor ou para qualquer órgão que não esteja funcionando bem. Isso não remove imediatamente o problema, mas sem dúvida contribui para o processo de cura.

O que acontece durante esses estados de relaxamento? O foco da mente consciente é retirado do corpo e dos centros vitais, deixando a mente inconsciente com total soberania sobre eles. O que resulta disso? O tecido do corpo que estava sendo destruído é regenerado e cessa a fadiga dos nervos e músculos. Quanto mais completo o relaxamento e maior a atividade da alma internamente, tanto mais completa será a recuperação.

A sintonia de sua mente com a Mente Universal, de seu coração com a essência de amor por trás das coisas pode produzir vários efeitos. Um deles pode ser a cura de males físicos.

Sabemos que as preocupações podem provocar doenças físicas, porém parece que a idéia oposta de que as emoções e pensamentos podem também produzir cura em vez de sofrimento é menos aceita.

෴

"Eu tinha uma alegre certeza de que a cegueira e a surdez não constituíam uma parte essencial da minha existência, uma vez que não eram de forma alguma parte de minha mente imortal."
— Helen Keller em *Midstream*, sua autobiografia.

෴

Se existe dor afligindo a vida física, há paz por detrás dela, permeando a vida interior.

෴

A afirmação de que Jesus basicamente desejava livrar os homens das doenças ou ensiná-los a maneira de fazê-lo não tem fundamento. Quem quer que tenha alcançado a consciência de sua alma divina — o que Jesus realizou plenamente — tem toda a sua escala de valores invertida. Percebe, então, que o que é físico é efêmero por natureza, enquanto a realidade de onde tudo deriva é eterna por natureza; que o que acontece no coração e na mente de uma pessoa é fundamentalmente mais importante do que o que ocorre no corpo; e que se pode e se deve experimentar a consciência divina, mesmo que o corpo físico esteja doente.

෴

Aqueles que sofrem deveriam usar todos os recursos médicos disponíveis — ortodoxos ou não. Ao mesmo tempo praticar a oração diária, sem contudo pedir diretamente pela própria cura física. Deveriam, inicialmente, invocar qualidades espirituais e, somente então, pedir a cura, com a expressa intenção de utilizar a oportunidade da encarnação para progredir espiritualmente.

ೞ

A arte de curar precisa de toda e qualquer contribuição das várias fontes válidas disponíveis. Ela não pode realizar completamente sua potencialidade a não ser que aceite todas elas: a homeopatia junto com a alopatia, a medicina natural e a quiropraxia, a psiquiatria e a espiritualidade. Evidentemente não é necessário que sejam utilizadas todas ao mesmo tempo, mas apenas como parte de um conjunto de recursos. Uma atitude filosófica recusa-se a vincular-se exclusivamente a qualquer forma única de cura.

ೞ

Um sábio sistema de cura deveria harmonizar tratamentos físicos e psicológicos, artificiais e naturais, alimentares e espirituais, utilizando alguns deles, ou todos, como meios para um fim — a cura. Porém, como o espiritual é o supremo agente terapêutico — se puder ser alcançado — será sempre o último recurso para os desesperados sofredores crônicos, quando todos os outros agentes tiverem falhado

ೞ

Desanimado pelo insucesso do último recurso utilizado por meus médicos, sentei-me na cama e li em um antigo jornal uma passagem de John Wesley sobre cura espiritual, na qual ele citava as palavras de um amigo: "Eu não podia me mover de um lugar para outro, a não ser com muletas. Permaneci assim por seis anos. Em Bath, chamei um médico, mas antes que ele chegasse, sentei-me e, enquanto lia a Bíblia, pensei: Asa recorreu aos médicos e não a Deus. Mas Deus pode fazer mais por mim do que qualquer médico; logo depois, ao levantar-me, notei que podia ficar em pé sem auxílio das muletas. Desde esse dia, estou totalmente curado".

Logo que terminei de ler essa passagem, pensei que também poderia ser aplicada ao meu caso e coloquei o livro de lado. Uma grande quietude mental acompanhada de uma profunda interiorização apoderou-se de mim. Percebi que todos os métodos até então utilizados para eliminar a doença haviam sido inúteis, precisamente porque eram métodos próprios do ego, quer fossem físicos, paranormais, mentais ou mecânicos. Eu tinha esgotado todos eles. Assim, o ego tinha que confessar seu completo fracasso e, humilhado, orar pela misericórdia do poder superior. Cheguei à conclusão de que em vez de pensar que eu ou os médicos seríamos competentes para curar a doença, a forma correta seria não acreditar nisso e buscar a cura apenas no Eu Superior. Notei, então, que a quietude era sua Graça, que esse silêncio era seu poder. Ele poderia me curar melhor, se eu simplesmente relaxasse e o deixasse agir. Assim, rendi-me a ele e dentro de poucas semanas estava curado.

ⓒ✇ↄ

É impossível garantir ou predizer o que irá acontecer em cada caso individual. A dificuldade é que se você tentar alcançar a Verdade simplesmente com a finalidade de conseguir a cura, a Verdade irá decepcioná-lo. Portanto, busque a Verdade e entregue seu destino a Ela que sempre trabalhará para que aconteça o melhor, tanto no plano material como no espiritual.

ⓒ✇ↄ

Se você quiser curar alguém, não se concentre na natureza de seu mal, caso contrário poderá reforçá-lo. Antes, concentre-se na natureza do Eu Superior da pessoa, a fim de que Sua imensa Graça possa descer sobre ela. Nem mesmo ore para que ela seja curada.

É melhor orar para que o poder da Graça do Eu Superior possa agir sobre ela, e fazer o que deve ser feito.

◌ঃ৪◌

Desejamos ansiosamente ser libertos das doenças ou dificuldades, mas quando essa libertação for seguida por um sentimento de união com o Eu Superior, teremos adquirido algo muito mais valioso do que aquilo que inicialmente buscávamos.

◌ঃ৪◌

As dores e enfermidades que fazem parte da existência física não deixam necessariamente de existir na vida de uma pessoa espiritualmente consciente. A presença de tais males continua a atuar como um lembrete — tanto para ela, como para outros — de que justamente por fazerem parte da vida física, essa vida é imperfeita e insatisfatória. Seus cinco sentidos funcionam como os de todas as pessoas e assim devem transmitir tanto as sensações de dor como as de prazer. Porém, o que ela na realidade adquire é uma paz mais profunda que as sensações do corpo, e que não é abalada pela dor. Uma parte do seu ser — a menor parte — pode sofrer; mas a outra — a maior — permanece imperturbável. Em sua natureza mais elevada e espiritual, ela está bem fortalecida contra essas aflições, sustentada por forças celestiais não concedidas a outras pessoas.

◌ঃ৪◌

O Eu Superior tem realmente o poder de por Sua Graça curar as enfermidades do corpo, porém não é possível prever se essa Graça será ou não concedida. Ele fará, em última análise, o que é melhor para o indivíduo, não o que o ego deseja, pois a Divina Sabedoria está por trás de tudo, sempre.

ⓒ₰⦀

Tratar realidades desagradáveis, sem incluí-las na visão de mundo do indivíduo, conforta mas ao mesmo tempo ilude a pessoa. Nenhum dos grandes profetas como Jesus e Buda negou a existência da doença, a realidade da dor ou o significado do sofrimento no cosmos. Não — eles reconheceram que elas fazem parte da vida humana, mas compadeceram-se dos que sofrem e lhes ofereceram conforto interior, baseado na verdade e na realidade.

ⓒ₰⦀

O Poder que deu vida ao corpo basicamente mantém suas funções involuntárias, cura seus males e sana suas feridas. Está no interior do corpo; é o aspecto força-vital da alma, o Eu Superior. Sua qualidade curativa pode se expressar de várias maneiras — como ervas e alimentos, calor e frio, banhos de lama, respirações profundas e exercícios — ou então pela completa ausência de tudo isso, como nos jejuns, geralmente o meio mais rápido e efetivo; e, deixando de lado por completo os meios físicos, pode ainda atuar direta e quase milagrosamente como cura espiritual.

ⓒ₰⦀

A natureza é uma expressão da Mente Universal. As plantas nos são oferecidas como remédio ou alimento. É um insulto à natureza desprezar esses recursos.

ⓒ₰⦀

A natureza não apenas acalma mentes perturbadas, mas cura também corpos enfermos. Ela lhes fornece ervas, cascas de árvores, águas e raios curativos — as florestas são verdadeiros hospitais.

Um monge, que adquiriu grande renome e reputação na Rumênia por seu caráter abnegado, seus sermões inspirados e curas milagrosas, dizia que pedia a todos os pacientes que confessassem com ele os seus erros antes de dar início ao trabalho de cura, pois isso abriria o caminho.

Uma doença prolongada é uma grande prova. O fato de uma pessoa ser forçada a suportar uma vida de infindável sofrimento certamente a levará a perceber que a vida humana proporciona pouca ou nenhuma real satisfação ou felicidade, e que é necessário buscá-la em algo superior, na verdadeira Vida Espiritual ou em Deus. Em algum lugar, em algum momento, essa necessidade encontrará uma resposta.

Por que deveria alguém rejeitar os médicos e seus medicamentos optando pelos quiropatas e suas manipulações? Ou rejeitar ambos, optando por curadores e suas orações? O poder que cura atua por essas três formas. Se assim não fosse, se ele atuasse por meio de um único canal, os outros não teriam sido necessários, nunca teriam sido descobertos nem utilizados.

No momento em que você sentir que foi feito um verdadeiro contato com a Única e Infinita Força de Vida, procure levá-la para dentro de seu corpo e deixe que ela permeie cada parte, cada órgão, cada átomo dele. Isso ajudará a remover e a evitar doenças e enfermidades.

Alguns pensamentos negativos que envenenam a mente e o sangue e que devem ser descartados e mantidos à distância são: rancor, hostilidade, ressentimento, conduta violenta e crítica constante.

A cura metafísica ou pela fé é uma excessiva simplificação do problema da cura e, conseqüentemente, revela apenas uma parte da verdade. A cura do corpo é um resultado secundário e ocasional da cura dos pensamentos e sentimentos ou da reeducação do caráter, e não é, de maneira alguma, resultado invariável de tais processos. A doença pode advir para indivíduos mais adiantados em razão de uma grande variedade de causas, algumas das quais se originam fora do indivíduo. O karma é a mais comum, mas tal causa pode ser um teste ou prova enviada pela alma ao ego humano que aspira evoluir mais rapidamente.

Orar por uma cura física e nada mais é um procedimento limitado e limitante. Ore também para compreender por que essa enfermidade abateu-se sobre você e para saber o que fazer para remover sua causa. E, acima de tudo, peça pela Água de Vida, como Jesus junto ao poço exortou a mulher que fizesse.

Capítulo 5

MORTE E SEPARAÇÃO

Quando a vida chega ao fim, e você a deixa como uma vela que se apaga ao vento, aquilo que acontece depois depende do seu caráter, do seu grau de consciência, do seu preparo e dos seus últimos pensamentos.

A pessoa que teve a sorte de encontrar no casamento um companheiro amoroso não deveria rebelar-se contra o destino quando este os separa. O mesmo karma que os aproximou também rompeu a relação. No entanto, isso é apenas temporário. Não existe, na realidade, nenhuma perda, uma vez que, em momentos de silêncio, as mentes se comunicam. Amor e companheirismo de alta qualidade irão atuar como uma força de atração para aproximá-los novamente, em algum lugar, em algum momento. Muitas pessoas compreendem isso internamente.

∞∞∞

O motivo pelo qual algumas pessoas possuidoras de uma alma amorosa são levadas pela morte muito jovens é um desses mistérios que permanecem inexplicáveis, juntamente com as leis do destino e retribuição. Apesar do sentimento natural de ter sido profundamente ferida, a pessoa que sofreu a perda deveria resignar-se e confiar na vontade de Deus, tendo fé de que aquele que partiu não será abandonado pelo Pai de todos nós, onde quer que esteja.

∞∞∞

A morte de uma pessoa querida e o que tal perda pessoal significa para aquele que ficou encontra-se, evidentemente, fora do alcance de qualquer comentário que possa ser feito. As palavras parecem frias e inúteis em tais momentos; tudo que se pode fazer é aceitar e humildemente resignar-se à Vontade Superior.

∞∞∞

Embora seja doloroso perder pessoas queridas, essa é, com freqüência, a única maneira pela qual aprendemos a reconhecer nossa profunda necessidade de criar um certo desapego interior, assim

MORTE E SEPARAÇÃO

como o fato inalterável de que a vida terrena não pode ser separada do sofrimento. Essas lições amargas são instrutivas; elas nos tornam conscientes de que precisamos nos voltar para a Busca espiritual se quisermos encontrar alegria e felicidade duradouras.

෧෩

A morte de uma pessoa querida é um duro golpe, para o qual a maioria das pessoas não está devidamente preparada, pois o ser humano não quer encarar o fato inevitável de que toda vida é marcada pela transitoriedade, perda e dor. Somente ao buscarmos refúgio na imortalidade do Eu Superior e descobrirmos a verdade e a sabedoria do Propósito Divino, poderemos também aprender como suportar o sofrimento diante da vida sempre em transformação. "Desapego" é a lição mais difícil de aprender; contudo, é a mais necessária para o crescimento espiritual.

෧෩

Devemos ter compaixão e compreensão para com aqueles que sofreram a perda de alguém muito querido. Entretanto, a cura ocorrerá com o tempo. As pessoas que estão passando por esse tipo de sofrimento devem resignar-se à vontade do destino e crer que o ser amado vive ainda e que um dia irá retornar.

෧෩

O processo da morte precisa ser estudado. É amplo seu significado. São muitas as coisas e interesses aos quais a pessoa que está morrendo se apegava e que devem agora ser deixados para trás; muitas as pessoas às quais estava ligada por laços de afeição ou pelas quais nutria sentimentos de antipatia e que logo irão desaparecer.

෧෩

Uma pessoa à beira da morte deveria colocar os braços sobre o peito com os dedos entrelaçados e procurar afastar a mente de qualquer assunto terreno, elevando-a amorosamente à mais alta aspiração.

❧

Testemunhei a passagem para uma outra esfera de consciência de algumas almas desenvolvidas. Durante esse processo, a que chamamos morte, elas irradiaram luz mental para as pessoas ali reunidas, de tal modo que estas sentiram a luz como algo que as consolou de sua natural dor humana. De alguma forma ficou impressa nelas a verdade de que esse acontecimento universal na natureza pode realmente ser uma mudança para uma existência mais luminosa, livre e feliz.

❧

Quando o momento de abandonar o palco do mundo material chegar, aceite-o com confiança — sentindo que o poder do qual você recebeu apoio em crises anteriores não irá desampará-lo agora.

❧

Chega o momento em que a pessoa prudente, sentindo intuitivamente ou por ter sido informada por seu médico, que entrou nos últimos meses ou anos de sua vida, deveria preparar-se para a morte. Claramente, um afastamento cada vez maior da vida material torna-se necessário. As atividades, desejos, apegos e prazeres desta existência devem dar lugar, cada vez mais, ao arrependimento, à adoração, oração, ascetismo e consciência espiritual. É hora de voltar para casa.

❧

Podemos deplorar nosso comportamento insensato na vida, nossos erros infantis ou as fraquezas da carne, porém nos momentos que precedem a morte temos oportunidade de partir com sabedoria e em paz. Sim, essa oportunidade nos é dada. Contudo, devemos aproveitá-la, mantendo o nosso olhar fixo no plano mais elevado que conhecemos.

CB&O

A morte pode oferecer possibilidades mais elevadas a quem deixa esta existência com fé, que confia no Eu Superior, e que, em total entrega, permite que Ele a guie, sem agarrar-se ao corpo que está prestes a deixar.

CB&O

Eu gostaria de morrer tão pacificamente quanto o filósofo chinês Lu Hsian-Shan. Uma noite, sentindo que sua hora havia chegado, banhou-se, vestiu roupas limpas, sentou-se e permaneceu em silenciosa meditação, até falecer dezessete horas depois.

CB&O

A melhor maneira de atender a uma pessoa que está próxima da morte depende de vários fatores; cada situação é diferente e individual. Geralmente, pode-se sugerir que a primeira coisa a ser feita é não entrar em pânico, mas permanecer calmo. A seguinte, é procurar internamente o próprio ponto de referência mais elevado. A terceira, entregar a pessoa ao Poder Superior. Finalmente, no plano físico, pode-se fazer uma oração em voz alta ou entoar um mantra em nome dessa pessoa — alguma afirmação indicando que o acontecimento significa mais um voltar para casa do que uma partida.

CB&O

Quando o sofrimento chega ao auge ou a frustração se prolonga por um tempo muito longo, quando o coração entrega-se à desesperança e a mente à apatia, as pessoas dizem, com freqüência, que não mais desejam viver e estão preparadas para a chegada da morte. Entretanto, elas estão pensando apenas na morte do corpo. Isso não irá solucionar seus problemas, uma vez que a mesma situação — sob outra aparência — se repetirá em um nascimento futuro. A única solução verdadeira é buscar a realidade interior dessa vontade de morrer. Essas pessoas desejam a morte porque acreditam que ela as libertará de seus problemas e desapontamentos. *Contudo, esses são os fardos do ego.* Por isso, uma total libertação só será alcançada pela separação permanente do próprio ego. A paz então virá — e permanecerá para sempre.

০৪৪১৩

Por que sentir ressentimento e amargura diante da perda? Por que não ser grato pelos bons momentos vividos e por ter a lembrança, que não se apaga, de tais momentos? Por que não considerar como sendo suficiente você ter experimentado essa felicidade, ainda que por um breve período, quando pela casualidade da vida ela poderia nem mesmo ter ocorrido? Por que não receber humildemente as dádivas do destino, sem tentar possuí-las, agarrando-se a elas com excessiva avidez?

০৪৪১৩

Enquanto você der atenção apenas ao seu pequeno ego e não permitir que a voz do Eu Superior seja ouvida e conhecida, toda a sua habilidade e cautela serão de pouca ajuda no final, quando o corpo tiver que ser deixado e a mente tiver de retornar à sua própria esfera.

০৪৪১৩

A única maneira de estabelecer um contato confiável com o espírito de uma pessoa querida que já partiu é a oração e o silêncio praticados à mesma hora todas as noites. Você poderá perceber a presença dessa pessoa ou até mesmo receber uma clara mensagem, que possivelmente lhe será transmitida em sonho. É necessário ter paciência. Além disso, essa experiência não poderá se repetir mais do que umas poucas vezes.

☙❧

Nós, que nos encontramos em idade avançada, com os ossos enfraquecidos, a pele enrugada, o rosto vincado e os cabelos grisalhos, podemos considerar isso deprimente. No entanto, como em qualquer outra situação na vida, existe um outro modo de encará-la — talvez para compensar aquilo que sofremos. Consiste em somarmos as lições de toda uma vida e nos prepararmos para a próxima encarnação, de forma a melhor realizarmos o trabalho necessário em nós mesmos quando chegar o momento para isso.

☙❧

Há uma parte de nós que não pode morrer, não pode estar sujeita ao aniquilamento. Mas, ela se situa em um nível muito profundo. O sábio a encontra antes da morte física e aprende a colocar sua consciência nesse plano. Os outros a encontram em algum estágio após a morte.

☙❧

Esse fato desanimador é a marca de todas as coisas e criaturas: elas um dia desaparecerão, têm uma existência transitória e, nesse sentido absoluto, não possuem realidade. Elas se manifestam durante certo tempo, parecem substanciais e significativas, mas são, na verdade, miragens prolongadas. Se tudo consistisse nisso, a realidade seria bastante melancólica. Porém, não é o que acontece. *Aquilo* de onde vieram e para o qual irão voltar não desaparece. Trata-se do Real, da Consciência que deu existência ao universo, do qual *nós* fazemos parte. Daí nasce essa pequena flor a cada vida, que é o melhor e o mais elevado ser. Se o buscarmos e o descobrirmos, recuperaremos nossa origem, voltaremos à nossa fonte e, *como tal*, não desapareceremos. Sim, as formas se perdem no final, porém o ser dentro delas continua a viver.

Capítulo 6

ENCONTRANDO UMA PERSPECTIVA MAIS AMPLA

A finalidade de assimilar completa e corretamente essas idéias é fortalecê-lo e reavivar o seu propósito, fazendo-o sentir que o que está por trás do universo está também por trás de você.

Se você se identificar com o pequeno ego *somente*, poderá acreditar e sentir que deve resolver seus problemas *sozinho*. Nesse caso a carga será mais pesada do que o necessário. Porém, se reconhecer que este planeta tem seu próprio regente, a Mente-do-Mundo, você não precisará se sentir desamparado, uma vez que você faz parte desse mundo.

૭૩૪૦

Há uma ordem no universo, um modo pelo qual a natureza organiza as coisas. É por esse motivo que o mundo que vemos ao nosso redor em tudo expressa significado, inteligência e propósito. Porém, conseguimos apenas vislumbrar essas qualidades veladas — o mistério que as envolve é infinitamente maior.

૭૩૪૦

O universo é perfeito porque Deus é perfeito. Porém, cabe a cada um de nós encontrar e perceber essa perfeição por si mesmo, caso contrário as dificuldades e problemas da vida poderão obstruir nossa visão e obscurecer nosso caminho.

૭૩૪૦

O que quer que aconteça no mundo que nos cerca serve para treinar nossos pensamentos e sentimentos de forma a manter-nos sempre enfocados no nosso conhecimento da Idéia-do-Mundo e a ter sempre presente a visão de sua harmonia.

૭૩૪૦

Resolva todos os assuntos da melhor maneira possível e, então, entregue o resultado ao destino e ao Eu Superior. De qualquer maneira, você não pode fazer mais. Você pode modificar seu destino, porém certos acontecimentos são inevitáveis, porque o mundo não nos pertence, mas sim a Deus. Você não pode saber antecipadamente quais são esses acontecimentos, portanto precisa agir de forma inteligente e intuitiva. Mais tarde poderá descobrir e aceitar. Não importa o que possa ocorrer, o Eu Superior estará lá e o ajudará a passar pelas dificuldades. Tudo o que acontece no que diz respeito à sua vida material, acontece ao seu corpo, não ao seu EU real. O pior é quando outros dependem de você. Mesmo assim, você deve aprender a confiá-los ao cuidado amoroso do Eu Superior e não tentar colocar toda a carga sobre seus próprios ombros. Se Ele pode cuidar de você, pode cuidar deles também.

∽∾

A filosofia ensina um caminho mais sábio que o mero fatalismo, mais verdadeiro que a simples fé no livre-arbítrio. Ela nos ensina que, mesmo quando as estrelas no firmamento parecem conspirar contra nós, as estrelas que correspondem a ideais mais elevados sempre trabalharão a nosso favor. A filosofia nos libera da ansiedade com relação ao nosso destino, porque nos dá a certeza de que as causas legítimas a que nos dedicamos terão resultado positivo. Ela dá ao barco de nossa vida as velas e o leme, um porto e o mapa. Não precisamos ficar à deriva.

∽∾

É verdade que nosso destino mortal é constituído de circunstâncias ou acontecimentos agradáveis e desagradáveis. Não há ser humano cuja vida não se apresente como um tabuleiro de xadrez — a diferença é que os quadrados brancos e pretos variam em número e proporção de uma pessoa para outra. É penoso admitir essa dualidade de dor e alegria, essa transitoriedade que ameaça cada momento de felicidade; no entanto, essa verdade é incontestável, conforme o ensinamento de Buda.

94 MEDITAÇÕES PARA PESSOAS EM CRISE

Há circunstâncias e períodos de felicidade que vão e vêm na vida dos seres humanos. Há ciclos de mudança a que devemos estar atentos e com os quais nossos planos e atividades devem estar harmonizados, se quisermos evitar atritos em nossa vida e desperdício de energia em lutas vãs. Precisamos aprender quando seguir adiante, elevando-nos assim na crista da onda, e quando retroceder, recolhendo-nos.

É preciso ter fé, e alguns de nós até mesmo a certeza de que, se tivesse sido possível imaginar um universo melhor, a infinita sabedoria da Mente-do-Mundo assim teria feito. Não podemos acreditar em Deus sem aceitar também o universo de Deus.

Podemos livremente entregar o futuro às nossas estrelas, se soubermos que podemos ser verdadeiramente autênticos com nós mesmos.

É compreensível desejarmos que uma situação dolorosa mude, porém é preferível antes indagarmos que mensagem aquela situação nos traz. Do contrário, podemos estar tentando nos esquivar do ensinamento do Eu Superior, correndo assim o risco de um sofrimento ainda maior.

Com essa serena aceitação da Vida, essa alegre cooperação com ela e uma pronta obediência às suas leis, você começa a perceber que daí em diante a Vida está a seu favor. Coisas começam a acontecer, situações se resolvem por si mesmas e contatos são feitos, de tal modo que aquilo de que você realmente necessita para sua evolução ou expressão, surge espontaneamente.

❧

Enquanto as pessoas ainda não estiverem prontas para o deliberado e consciente desenvolvimento de sua vida espiritual, elas devem submeter-se a um desenvolvimento inconsciente e compulsório pelas forças da natureza.

❧

Quando a vida de uma pessoa é milagrosamente salva de um grande perigo, ou mesmo da morte, isso tem um propósito.

❧

Mantenha o santuário interior em seu coração reservado para o Ideal. Lá venere o Espírito que não nasce, nem morre, é indestrutível e divino. A vida no mundo é como espuma no mar: esvai-se muito rapidamente; porém, os momentos dedicados à adoração e obediência à alma é que representam um ganho eterno. Na Terra, os mais extraordinários acontecimentos históricos são nada mais que imagens que passam pela consciência como um sonho. Uma vez despertado para o Real, você as vê como na verdade são. Então, você viverá na Sua serenidade e não mais se importará se as imagens são tempestuosas e agitadas. A maior das venturas é alcançar tal serenidade — ser elevado acima da paixão e do ódio, do preconceito e do medo, da ambição e descontentamento e ainda assim ser capaz de cumprir com eficiência suas obrigações no mundo. Esse estado é possível de ser alcançado. Você já deve até ter tido vislumbres dele. Algum dia, em algum momento, se for paciente, você entrará nesse estado para nele permanecer — e a inimaginável recompensa e o perfeito propósito de sua vida — de todas as suas vidas — serão atingidos.

ᘓᘔᘓ

Faz parte da própria natureza das coisas que no final o bem triunfe sobre o mal e que o verdadeiro elimine o falso. Essa compreensão deveria torná-lo mais paciente.

ᘓᘔᘓ

Em última análise não existe pecado, apenas ignorância, não há quedas, apenas degraus em direção a níveis mais elevados do coração, não há infortúnios, apenas lições na arte do desapego.

ᘓᘔᘓ

Pense em você como um indivíduo e certamente morrerá. Pense em você como um ser universal e será imortal, pois o universal está sempre e eternamente presente. Não há princípio nem fim para o processo cósmico. O ser É; nada mais há a dizer. Seja esse ser universal — sem morada e infinito como o espaço, intemporal e eterno. Veja a totalidade da vida como seu próprio ser. Não se afaste, não se separe disso. Essa é a tarefa mais difícil, pois exige que reconheçamos nossa própria relativa insignificância em meio a esse infinito e vasto processo. A mudança requerida é inteiramente mental. Mude seu modo de ver as coisas e "o céu se aproximará de você".

ᘓᘔᘓ

Essas verdades eternas precisam ser trazidas para a sua experiência comum do dia-a-dia. Todo ato deve ser realizado à sua luz, todo pensamento mantido nessa sintonia.

A atitude filosófica consiste em estar no mundo, sem ser do mundo, em possuir coisas úteis, necessárias ou belas sem, no entanto, ser aprisionado por elas. É saber que as coisas são transitórias, os prazeres efêmeros e que tudo se modifica. Esse é o modo de ser do universo, o fluxo e refluxo da vida, o poder do tempo de alterar o padrão de cada existência. Assim, o filósofo ajusta-se a esse ritmo, aprende como e quando soltar e quando reter, mantendo assim a estabilidade e o equilíbrio internos. Nos períodos tempestuosos, o filósofo permanece firme como uma rocha, estuda seus significados e aceita suas lições. Nos períodos ensolarados, ele evita identificar-se com o pequeno ego e procura lembrar-se de que a verdadeira segurança está no Eu Superior.

☙

O exercício constante de identificarmo-nos com a mente, em lugar de identificarmo-nos com a idéia de que somos um corpo vai, com o tempo, libertando-nos de nós mesmos.

☙

Quem não conhece o poder de cura do tempo, poder esse que põe fim à lembrança das tristezas e ao sentimento de dor?

☙

A vida hoje, para todos e em qualquer lugar, está tão repleta de preocupações e incertezas que se torna impossível alcançar uma felicidade completa.

☙

Metafisicamente, cada coisa, cada pensamento contém em si mesmo a forma de seu oposto. É preciso tentar não nos apegarmos a um dos extremos e rejeitarmos o outro de maneira *pessoal*. Isso não significa que devamos ignorá-los — na verdade não podemos fazê-lo, pois a vida prática exige que ao menos tentemos lidar com ambos — mas que o façamos de maneira eqüitativa e impessoal. Desse modo, nós nos manteremos livres dos grilhões da possessividade. Se tentarmos ater-nos a um dos opostos somente, rejeitando o outro, estaremos fadados à frustração. Aceitar o que é inerente à natureza das coisas é, portanto, uma atitude sábia. Se não quisermos assim proceder, porque isso nos atinge pessoalmente, se nos rebelarmos contra isso, acabaremos conseguindo apenas nos prejudicar ainda mais. Esquivar-se de um dos opostos e perseguir o outro é uma atitude pouco sábia. Precisamos encontrar um equilíbrio entre eles; precisamos caminhar entre os dois extremos e alcançar o patamar acima do ponto de vista que afirma e daquele que nega, pois a verdade em sua totalidade nunca é apreendida por nenhum deles e freqüentemente passa despercebida para ambos. Porque a forma pela qual nossa consciência trabalha como que nos aprisiona num cárcere de experiências relativas que são a realidade aparente, mas nunca a realidade verdadeira. Aceitar ambos, e ainda transcendê-los, é tornar-se um filósofo. Para transcender os opostos temos de parar de pensar sobre qual efeito eles terão sobre nós pessoalmente. Temos de renunciar a ter o ego como referência, o qual não nos permite enxergar a verdade sobre os opostos. Devemos nos recusar a estabelecer nossas preferências pessoais como padrões absolutos, nossos pontos de vista relativos como eternos. Proceder assim significa, por um lado, deixar de nos aborrecer com os acontecimentos e, por outro, deixar de nos apegar às coisas. De fato, consiste em nos elevarmos a um ponto de vista impessoal e entrarmos em harmonia com o que a natureza está tentando fazer em nós e no ambiente que nos cerca. Devemos encontrar um novo e mais elevado conjunto de valores, pois enquanto nos ativermos a um ponto de vista pessoal, seremos escravizados pelo tempo e pelas emoções, ao passo que se renunciarmos a ele e adotarmos o ponto de vista filosófico, seremos liberados para uma vida serena e eterna.

 C3&0

Qual o valor prático de se ensinar sobre o tempo? A resposta completa sobre esse assunto abrangeria vários aspectos, mas há um da maior importância. A filosofia ensina seus estudantes a utilizarem o ponto de vista duplo para os acontecimentos externos de suas próprias vidas, do mesmo modo que o faz para o conteúdo interno de suas experiências sensoriais. Do ponto de vista comum, a natureza do acontecimento determinará se ele é bom ou mau; do ponto de vista filosófico, a maneira como você pensa a respeito desse acontecimento determinará se ele é bom ou mau para você. Você deveria sempre colocar os dois pontos de vista juntos e jamais separá-los, equilibrando a perspectiva imediata e aquela a longo prazo.

O ponto de vista mais elevado permite que você evite alguns dos sofrimentos que um ponto de vista inferior lhe iria infringir. Um acontecimento que para uma pessoa comum parece extremamente importante e negativo no momento em que ocorre, diminui cada vez mais de importância à medida que os anos passam, tornando-se, conseqüentemente, cada vez menos doloroso. Vinte anos depois, terá perdido parte dele seu poder de abalá-lo; cinqüenta anos depois, terá perdido ainda mais — de tal forma que não lhe causará dor alguma; uma encarnação depois, isso não mais irá incomodá-lo. Quando o estudante adota esse ponto de vista mais abrangente, consegue de antemão o mesmo resultado, pela antecipação do tempo. Diz-se que o tempo cura todas as feridas; se buscarmos a razão disso, descobriremos que é pelo fato de ele fornecer uma perspectiva mais filosófica ao sofrimento. O gosto da água em uma jarra tornar-se-á extremamente doce se nela colocarmos uma xícara cheia de açúcar; o gosto da água em um balde, com a mesma quantidade de açúcar, ficará apenas moderadamente doce; se for colocado em uma banheira, o gosto se alterará apenas levemente; e em um lago, o gosto aparentemente não se modificará. Exatamente assim, a série de acontecimentos que produz a sensação de tempo na consciência humana dilui gradualmente a dor que cada acontecimento pode nos trazer.

Todavia, ao estudante não agrada aguardar o resultado de um processo tão longo a fim de reduzir seu sofrimento. Ao adotar a atitude filosófica para suportar cada acontecimento, se e quando ocorrer, você imediatamente diminuirá seu sofrimento e revigorará a sua paz. Cada adversidade, vista sob esse aspecto, torna-se um meio pelo qual você pode alcançar, se quiser, um nível mais elevado de compreensão, uma forma mais pura de ser. O que você pensa a respeito disso, o que você aprende com isso será o seu verdadeiro legado. Uma pessoa que ainda não despertou, ao passar por um sofrimento pode negar isso. No cárcere mental que a faz ver o presente como realidade e a excluir o passado dessa realidade, ela não encontra nenhuma utilidade no sofrimento; porém, quer pelo tempo, quer pela filosofia, todos serão um dia conduzidos ao ponto de vista no qual seu significado será revelado e a necessidade da existência dele será compreendida. Isso, na verdade, é um dos maiores paradoxos do desenvolvimento humano: que o sofrimento conduz o indivíduo, passo a passo, do falso eu para a aceitação do verdadeiro eu e que o verdadeiro eu o conduz, passo a passo, à aceitação do sofrimento.

Se o homem comum apressadamente vê o acontecimento sob a perspectiva do momento e se o estudante de filosofia calmamente o vê sob a perspectiva de uma vida inteira, o sábio, totalmente consciente desses dois pontos de vista, equilibra ambos, somando a eles um terceiro, que não depende de nenhuma dimensão de tempo. Desse terceiro ponto de vista, o sábio vê, como ilusórios, tanto o acontecimento como o ego para o qual isso acontece. Ele percebe o tempo e a personalidade como algo não-real. No profundo de sua mente, ele se atém inabalavelmente à natureza intemporal do verdadeiro Ser, à vida eterna do Reino do Céu.

Nesse estado misterioso o tempo não pode curar, pois não há feridas a serem curadas. Assim, quanto antes conseguirmos perceber a irrealidade do tempo, mais depressa conseguiremos tornar o sofrimento indolor, pois o falso eu vive como um escravo atado a cada sensação fugaz, enquanto o verdadeiro eu vive na paz intemporal do Reino do Céu. Quando nos colocamos em harmonia com o verdadeiro eu, colocamo-nos em harmonia com todo o universo, além do alcance da adversidade. Ela pode até ocorrer, porém não nos atinge e nem é sentida por nosso verdadeiro eu. Há uma sensação de absoluta segurança, um sentimento de que nenhum mal pode nos advir. O estudante de filosofia descobre a finalidade do tempo; ele cura as feridas e, tanto pela lei do karma como por meio da evolução, cura os males. O sábio desvenda o mistério da inexistência do tempo que redime a humanidade.

⚬⚬⚬

Quando tiver purificado suficientemente o seu caráter, dominado os seus sentidos, desenvolvido a sua razão e sua intuição, você estará preparado para enfrentar de forma correta o que vier. Você não precisa temer o futuro. O tempo está a seu favor, pois você deixou de acrescentar karma negativo à sua existência, introduzindo, ao invés, com o passar do tempo, karma positivo. E, mesmo quando ainda precisar suportar as conseqüências do mau karma anterior, você permanecerá sereno, pois você, como Epiteto, compreende que há uma única razão pela qual Deus o enviou a esse mundo e ela consiste em aperfeiçoar sua natureza da maneira mais virtuosa e corajosa; e não há nada que não se possa fazer para alcançar tal objetivo. Você sabe que cada experiência que lhe chega é aquilo de que você mais necessita no momento, mesmo que seja o que mais lhe desagrada. Você necessita dela porque, em parte, ela nada mais é do que seus próprios pensamentos, sentimentos e atos passados que retornam para permitir que você veja e estude suas conseqüências de uma forma simples, concreta e não passível de erro. Você utiliza cada situação para alcançar seus objetivos finais, mesmo que venha a atrapalhar seus objetivos imediatos. Tal serenidade diante da adversidade não deve ser confundida com fatalismo ou aceitação passiva de cada acontecimento desfavorável como sendo a vontade de Deus, pois embora você procure compreender a razão pela qual isso lhe aconteceu e assimilar a lição nela contida, você também procurará aprender a lidar com o próprio acontecimento e não se contentará em suportá-lo passivamente. Assim, quando todos os acontecimentos se tornarem úteis para você e quando você souber que sua reação a eles será pautada na sabedoria e na virtude, tanto o futuro, como o presente não mais o assustarão. Não há como errar, pois você sabe também que, quer seja uma derrota ou um sofrimento aos olhos do mundo, quer seja um sucesso ou uma alegria, a experiência o tornará melhor, mais sábio, mais forte do que antes, e mais preparado para o próximo acontecimento. O estudante de filosofia sabe que ele está aqui para enfrentar, compreender e aprender a lidar corretamente com acontecimentos, condições e situações dos quais outros desejam esquivar-se, e que contornar os obstáculos e fugir dos problemas torna-se, no final, pouco proveitoso. O estudante compreende que a sabedoria advirá de um grande número de experiências, e não da falta delas, e que não adianta esquivar-se das lutas do mundo, pois é principalmente por meio delas que se pode fazer vir à tona os recursos latentes em cada um. A filosofia não se recusa a enfrentar a vida, por mais trágicos e assustadores que os acontecimentos possam ser, e usa tais experiências para atingir propósitos mais elevados.

⋘⋙

Não é pelo fato de afirmarmos que as forças do mal se autodestruirão no final que devemos nos iludir e achar que podemos permanecer sentados em cômoda complacência esperando que isso aconteça. Não devemos fazer disso uma desculpa para a inação. Pelo contrário, isso deveria inspirar-nos a envidar os maiores esforços, no sentido de preservar dos ataques daquelas forças tudo o que de mais nobre existe na vida.

CB&O

A verdade e o amor acabarão por vencer no final — não importa quanto isso possa demorar — pois ambos estão profundamente encerrados no coração de todos os seres e serão pouco a pouco revelados por meio dos ensinamentos que a própria vida traz. Devemos adquirir algo da paciência de Deus.